LA PETITE ILLUSTRATION

ROMAN — THÉATRE

Revue hebdomadaire

PUBLIANT DES ROMANS INÉDITS ET LES PIÈCES NOUVELLES
JOUÉES DANS LES THÉATRES DE PARIS

Ce numéro de LA PETITE ILLUSTRATION ne doit être vendu sans le numéro de L'ILLUSTRATION portant la même date.

ABONNEMENT ANNUEL

(L'Illustration et la Petite Illustration réunies)

France et Colonies . . .   40 francs   Étranger . . . .   52 francs

13, RUE SAINT-GEORGES, PARIS

Flanelle "LE DOCTEUR"
Rien ne remplace les sous-vêtements en flanelle
"LE DOCTEUR"
MARQUE DÉPOSÉE
PURE LAINE
NATURELLE
Exiger cette Marque en Bleu
GILETS
CHEMISES
CALEÇONS
CEINTURES
PLASTRONS
PYJAMAS
ÉTÉ COMME HIVER
HIVER COMME ÉTÉ
GILETS
LE DOCTEUR CHEMISES
CALEÇONS
A. Barrère
Dans toutes les Chemiseries et Maisons de Nouveautés.
VENTE EN GROS : Maison VIMONT & LINZELER
3, Rue des Deux Boules – PARIS

CETTE
MARQUE
SANS
AUTRE
NOM

L'Oncle Césaire

par RODOLPHE BRINGER

Césaire Bénistant avait toujours négligé de se marier ; à la vérité il n'en avait guère eu le temps ; quand on représente la grosse maison de liquides Barthelemy et Cie de Bordeaux, que d'un bout de l'année à l'autre on roule par monts et par vaux, visitant les hôtels, les cafés, les restaurants et même les bonnes maisons bourgeoises, il ne vous reste pas trop de loisirs pour prendre femme, construire un foyer et se fonder une famille. Et maintenant, à soixante et quelques années, retiré des affaires, Césaire Bénistant vivait seul dans sa petite maison de Chantepie, seul avec sa vieille bonne Rosalie et ses rhumatismes.

Ah ! le gueusard ! S'il avait gagné de belles rentes en représentant la grosse maison de liquides Barthelemy et Cie de Bordeaux, il avait amassé en même temps tout un lot de fort vilaines infirmités dont la moindre eût suffi à enterrer son homme, et la goutte, la gravelle, la sciatique, l'artériosclérose se partageaient équitablement l'anatomie de Césaire, ne laissant pas un endroit grand comme l'ongle où chacune ne vînt tenailler son insupportable douleur.

On sait ce que c'est que la vie d'un grand représentant de liquides, n'est-ce pas ? Il faut savoir boire et aussi manger. Les dîners fins, les bons soupers, les larges beuveries se succèdent et cela dure autant que ça peut...

Le malheur était que Césaire Bénistant avait pris goût à la chose et que, gourmand comme une vieille chatte, il ne voulait point abdiquer. La Rosalie était la meilleure cuisinière du terroir et la cave de Césaire la mieux garnie de la contrée. Et, ma foi, le vieux docteur Causse avait beau dire et beau faire, Césaire revenait toujours à son péché. Ah ! Tant que duraient les crises, il fallait l'entendre jurer ses grands dieux que désormais c'en était fini des truffes et des venaisons et que, si jamais une goutte d'alcool s'en venait empoisonner son palais, il voulait bien être changé en moulin à poivre... Puis, dès que le calcul avait passé, que la goutte lui laissait une minute de repos et que sa pauvre vieille machine se remettait à fonctionner... pffft, les bonnes dispositions s'envolaient et Rosalie devait se remettre en cuisine.

D'ailleurs, s'il eût été capable de résister à la tentation, le neveu Sabatton eût été là pour l'encourager dans son vice.

Ah ! le bandit !...

Encore, Sabatton, peut-être, eût-il été susceptible de prendre en pitié l'oncle Césaire, mais il y avait Agathe, la femme de Sabatton, qui, elle, était impitoyable.

Il faut vous dire que Sabatton et sa femme étaient les uniques héritiers de l'oncle Césaire et, depuis dix ou douze ans qu'ils espéraient cet héritage, ils commençaient à trouver que l'oncle n'y mettait pas beaucoup de complaisance et les faisait bien languir.

Ce n'est pas qu'ils fussent dans le besoin. Mais comme Sabatton n'était pas de ces gros travailleurs qui regrettent que la journée n'ait que vingt-quatre heures pour pouvoir œuvrer davantage, qu'il passait assurément plus de temps à la pêche, à la chasse, ou en parties fines au cabanon, quand il n'était pas au café, qu'à surveiller ses terres et faire valoir son bien, l'argent n'affluait guère au logis et joyeusement on vivait sur le capital.

D'ailleurs, à quoi bon se « décarcasser », professait Sabatton ; ils n'avaient pas d'enfant et l'héritage était là qui leur permettrait de se la couler douce et de vivre dans une large aisance, dès que l'oncle Césaire se serait enfin décidé à abandonner cette vallée de misère, où la goutte, la gravelle et les rhumatismes guettent les anciens voyageurs en liquides qui ont trop longtemps sacrifié au démon de la gourmandise.

Et ma foi, puisque malgré les bons et sages conseils du docteur Causse, l'oncle Césaire ne voulait point se mettre au régime, puisqu'il préférait à l'eau pure ces vins veloutés et généreux que le soleil mûrit aux coteaux du Rhône, puisque, aux légumes honnêtement cuits à l'eau, il préférait les succulents pâtés, les tendres volailles, les juteuses pièces de viande et les gibiers parfumés de truffes, pourquoi le contrarier ! Il ne faut pas être plus royaliste que le roi, n'est-ce pas ?

Aussi, au lieu de refréner les intempérances de l'oncle, au lieu de le rappeler doucement à une salutaire et hygiénique sobriété, Sabatton et surtout cette mauvaise pièce d'Agathe s'acharnaient-ils à encourager sa fatale gourmandise et c'étaient de continuelles chatteries, de quotidiens petits cadeaux, un jour une bécassine que Sabatton prétendait avoir tuée, mais qui lui avait coûté les yeux de la tête, une autre fois un kilo d'odorantes truffes ou encore d'excellent pâté de foie gras, car ils ne regardaient pas à la dépense, les Sabatton, du moment qu'il s'agissait d'aggraver la goutte et les rhumatismes de l'oncle, ils ne liardaient point, certains que tout se verrait au bout.

Emu de tant de prévenances, l'oncle ne répétait-il point sans cesse :

—Ah ! que vous êtes braves !... Mais, je saurai reconnaître vos bontés... Que seulement Maître Luquet vienne à ouvrir mon testament !...

Mais en attendant, l'oncle Césaire ne se pressait point de trépasser et de permettre à Maître Luquet d'ouvrir ce fameux testament qui devait enfin apporter la fortune aux Sabatton.

Tant et si bien, ma foi, que de bécassines en pâtés de foie gras, de gigues de chevreuil en vieilles bouteilles de fin, les Sabatton écornèrent si bien leur capital que, en fin de compte, si l'oncle Césaire persistait trois mois de plus, il ne leur resterait plus que la ressource de mettre la clef sous la porte et d'aller se faire inscrire au bureau de bienfaisance le plus proche.

— Ce n'est pas Dieu possible, se lamentait cette mauvaise gale d'Agathe. Avec toutes ses maladies et les bons dîners que nous lui faisons faire, il devrait être mort depuis longtemps !...

— Je n'y comprends rien, se désolait Sabatton, jamais il ne s'est si bien porté !...

— Il doit y avoir de la sorcellerie, là-dessous !...

— Il faudra que j'en aie le cœur net !...

Ah ! mes pauvres amis ! Ils ne tardèrent pas à l'avoir, le secret de l'énigme ! Et ce fut l'oncle Césaire qui le leur donna :

Comme Sabatton était venu dire un petit bonsoir à l'oncle, et lui porter une douzaine de becs-fins dorés et faisandés à point, il trouva Césaire dégustant un verre d'un liquide pétillant, dont le flacon portait ces mots énigmatiques : Urodonal.

— Voilà mon sauveur ! fit l'oncle rayonnant. Grâce à l'Urodonal, je puis narguer la goutte, la gravelle et tous les rhumatismes de la terre et boire tout à ma soif et manger tout à ma gourmandise... C'est le docteur Causse, un malin, qui m'a prescrit ce merveilleux produit sur les résultats duquel il venait de lire de remarquables communications aux Sociétés savantes.

Sabatton rentra chez lui pâle et défait :

— Nous sommes ruinés !... cria-t-il à Agathe. L'oncle a trouvé l'élixir de longue vie, et il nous enterrera tous !...

Et c'est ce qui est arrivé, en effet. Sabatton et sa femme complètement ruinés se sont suicidés, la semaine dernière, et l'oncle Césaire, rose, gras et frais, continue à faire joyeusement ses quatre repas par jour, et quels repas, mes amis !...

RODOLPHE BRINGER.

LA SAIGNÉE

(1870-1871)

DRAME EN CINQ ACTES ET SEPT TABLEAUX

par

LUCIEN DESCAVES ET NOZIÈRE

représenté pour la première fois, le 2 octobre 1913, au théâtre de l'Ambigu.

M. LUCIEN DESCAVES.
Phot. Journal.

M. NOZIÈRE.
Phot. Manuel.

PERSONNAGES

Mulard	MM. JEAN KEMM.	Antonine	Mmes BLANCHE DUPRÊNE.
Le Père Gachette	ARMAND BOUR.	Mme Mulard	DÉLIA.
Charles Béchere'	DAMORÈS.	Mme Duprat	JEANNE DULAC
Francœur	LORRAIN.	Irma	DANCOURT.
Raymond	BASSEUIL.	Renée de Maurois	DEPRESLES.
M. Duprat	REYVAL.	Marion	CARÈNE.
Colonel d'Anthenay	JEAN DUVAL.	Mlle Lapetit	DIZELLA.
Gerschel	BLANCHARD.	Mme Gerschel	ROSE.
Barsac		Françoise	VARTILLY.
Simon	GLÉNAT.	Une Danseuse	CHARRIÈRE.
Le Marquis	AMIOT.	Femme du peuple	LANDRY.
Jalin	ALMETTE.		
Le Sergent	MAX ROBEY.	Le Caporal	GATINEAU.
Le Lieutenant	DE LOISEL.	Lurot	ANGELY.

PHOTOGRAPHIES WALÉRY

Scène VII. — Francœur : « C'est pas les carrosses de la République française que j'escorterai? »

LA SAIGNÉE

ACTE PREMIER

La guerre, 15 septembre 1870. Un atelier d'ébéniste au faubourg Saint-Antoine, au fond d'une cour, au rez-de-chaussée. La scène représente une pièce assez vaste, qui est à la fois le bureau et la salle à manger des Mulard. Elle communique avec l'atelier qu'on aperçoit par une porte ouverte. Au fond, porte d'entrée sur la cour. A droite, premier plan, autre porte sur le logement de la famille. Intérieur modeste de petit patron. Mulard répare surtout les meubles de style. Une machine à coudre. Une table sur laquelle, au lever du rideau, Mme Mulard repasse du linge. Buffet à étagère. Horloge dans sa caisse. Petit bureau encombré de papiers. Chaises, fauteuil dont le cuir montre la bourre. Au mur, une carte piquée de petits drapeaux.

Scène première

MULARD, 50 ans; Mme MULARD, 45 ans; LE PÈRE GACHETTE, 60 ans.

LE PÈRE GACHETTE. — Comme ça, Mulard, vous n'avez plus d'ouvrage à me donner?

MULARD. — Mais non, mon père Gachette. Vous le savez aussi bien que moi : cette malheureuse guerre laisse tout en suspens. Il faut attendre.

LE PÈRE GACHETTE. — Que le commerce reprenne.

MULARD. — Le commerce, les affaires..., la vie, quoi! Mais nous ne verrons pas ça tout de suite, j'en ai peur. (Il va se camper devant la carte du théâtre de la guerre et déplace un petit drapeau.) Avant-hier, les Prussiens étaient à Lagny... là... et l'on signalait les uhlans entre Créteil et Neuilly-sur-Marne... Aujourd'hui, 15 septembre, probable qu'ils sont à Créteil... La semaine prochaine, voyez-vous, l'investissement de Paris sera complet. Et alors!...

LE PÈRE GACHETTE. — Alors, Paris se défendra. La province se lèvera pour venir à son secours, et les Allemands, pris entre deux feux, ne mangeront plus chez nous que des pissenlits... par la racine!

Mme MULARD. — Ça serait trop beau! Enfin, Dieu vous entende!

MULARD. — On ne vous doit rien, père Gachette?

LE PÈRE GACHETTE. — Non, patron... Et c'est là le chiendent! Où vais-je trouver de quoi vivre.... payer mon garni?... Je n'ai pas beaucoup d'économies...

Mme MULARD. — Combien?

LE PÈRE GACHETTE. — Quand je dis que je n'ai pas beaucoup..., je n'en ai pas du tout...

Mme MULARD. — Qu'est-ce qu'on vous a toujours dit, père Gachette? Que vous n'étiez pas assez prévoyant.

LE PÈRE GACHETTE. — Sans doute, sans doute... Mais quand on travaille, qu'on est bien portant, et tout seul, comme moi, on ne songe pas au lendemain...

Mme MULARD. — Et on boit un petit coup, pour ne pas en perdre l'habitude.

LE PÈRE GACHETTE. — Oh! du vin, madame Mulard, toujours du vin, du bon vin... qui réjouit le cœur de l'homme... Jamais d'alcool, qui le rend envieux et méchant.

Mme MULARD. — Ah!... il y a une nuance?...

LE PÈRE GACHETTE. — Il y a des nuances en tout.

MULARD, après un coup d'œil à sa femme. — Écoutez, père Gachette.... nous ne sommes pas riches non plus, mais vous pensez bien que nous ne laisserons pas dans l'embarras un ouvrier qui travaille à l'atelier depuis dix ans...

LE PÈRE GACHETTE. — Onze bientôt! Votre petite avait six ans lorsque je suis entré ici...; je m'en souviens comme si c'était hier. La première fois qu'elle est allée à l'école, même que c'est moi que j'ai été la chercher. On est revenu tous les deux en bavardant déjà comme une paire d'amis. Ça ne s'oublie pas.

Mme MULARD. — Je ne l'ai pas oublié.

MULARD. — Enfin, voilà ce qu'on peut vous proposer. Vous prendrez vos repas avec nous... et on vous fera un lit à côté, dans l'atelier. Ça vous va-t-il?

LE PÈRE GACHETTE. — Voyons, patron!... C'est comme si vous demandiez à un homme qui tombe à l'eau si ça lui va d'être repêché. Je crois bien!

MULARD. — Et on continuera à bricoler ensemble, jusqu'à des jours meilleurs.

Mme MULARD. — Faut s'entr'aider. Nous faisons pour vous ce que nous aurions fait pour ce pauvre Charles, le fiancé d'Antonine, s'il était là.

LE PÈRE GACHETTE. — Vous avez de ses nouvelles?

Mme MULARD. — Non. Il n'a écrit qu'une fois depuis le début de la campagne. Toutes les familles sont comme nous, dans l'anxiété, faute de renseignements.

MULARD. — Le ministre en a demandé.

Mme MULARD. — Moi, on ne m'ôtera pas de l'esprit qu'il a été fait prisonnier à Sedan. J'ai rêvé ça. C'est pas une idée en l'air...

LE PÈRE GACHETTE. — Espérons-le! Charles est un bon ouvrier, sérieux, rangé...

Mme MULARD. — Qui aime bien Antonine. Et elle lui rend la pareille. Avouez tout de même que c'est pas de chance, ce départ pour l'armée, au moment où leurs bans allaient être publiés?

LE PÈRE GACHETTE. — Pour de la déveine, oui, c'en est!

Mme MULARD. — Ils seraient mariés aujourd'hui, quoi! et vous travailleriez tous les trois, là, à l'atelier, comme il y a deux mois. Ah! ce qu'il peut se passer de choses en deux mois. hein, père Gachette?

Scène II

LES MÊMES, DUPRAT, 50 ans; RAYMOND, son fils, 25 ans.

DUPRAT. — Bonjour, mon cher Mulard. (Présentant Raymond.) Mon fils, Raymond.

MULARD. — Messieurs.... votre serviteur.

DUPRAT. — Je viens en passant, régler ma petite facture.

MULARD. — Rien ne pressait.

DUPRAT. — Pardon! On ne sait ni qui vit ni qui meurt, aujourd'hui. Il vaut mieux ne rien laisser en souffrance.

MULARD. — Le fait est que les événements se précipitent. On doit s'attendre à tout.

DUPRAT. — A un siège en règle, d'abord.

MULARD. — Nos généraux battus, la France envahie, Sedan, la capitulation, Paris menacé...: voilà l'aboutissement de dix-neuf années d'Empire! Enfin, à quelque chose, malheur est bon: c'est à Sedan que nous devons la République.

DUPRAT. — Oui. Elle nous coûte assez cher.

MULARD. — Raison de plus pour la défendre!

DUPRAT. — C'est surtout la France qu'il s'agit de sauver.

MULARD. — La France, la République..., à présent, c'est tout un!

DUPRAT. — Haut les cœurs! Paris, vous le savez, s'apprête à la résistance. La garde nationale va élire incessamment ses officiers et sous-officiers...

MULARD. — Oui, je sais.

DUPRAT. — On veut bien se rappeler que j'ai servi autrefois..., avant d'être rond de cuir dans une compagnie d'assurances.

MULARD. — Oh!

DUPRAT. — J'ai appris l'intention qu'on a de me nommer capitaine... dans une autre compagnie que celle-là... une compagnie de marche. Si je me décide à accepter, je peux compter sur vous?

MULARD. — Certainement!

LE PÈRE GACHETTE. — Et sur moi aussi... supposition qu'on veuille bien de moi.

DUPRAT. — Mais pourquoi pas? Tous les hommes valides de vingt et un à soixante ans sont invités à se faire inscrire sur les contrôles. Vous n'avez pas soixante ans, mon ami.

LE PÈRE GACHETTE. — Faites excuse... soixante et un... et bien versés!... Mais si on peut tricher...

DUPRAT. — Assurément! On n'y regardera pas de si près.

LE PÈRE GACHETTE. — C'est pas que je sois bien vaillant;... mais dans la musique...

Mme MULARD. — Dame! avec votre talent sur le violon...

LE PÈRE GACHETTE. — Hé! hé!... M'est avis qu'on en aura besoin, des violons... pour la danse!

DUPRAT. — Bravo! (A son fils.) Je suis heureux, mon garçon, que tu puisses entendre un pareil langage. L'exemple ne vient pas seulement de ton oncle... (Se tournant vers Mulard.) mon beau-frère, le colonel d'Anthenay, fait prisonnier à Sedan... La population parisienne est un inépuisable réservoir d'énergie!

RAYMOND. — Je le vois..., ici... et ailleurs.

DUPRAT, frappant sur l'épaule de son fils. — Il fera bonne contenance aussi à son poste de combat. Aux étudiants en médecine comme lui, on va, malheureusement, tailler de la besogne. Il ne se destinait pas à la chirurgie: il l'apprendra.

Scène III

LES MÊMES, ANTONINE

MULARD. — Ma fille Antonine.

DUPRAT. — Mademoiselle...

MULARD, à sa fille. — Il me semble que tu es en retard, petite...

ANTONINE. — Oui, un peu. Ce qu'on voit dehors est si curieux!... On dirait le petit terme... Tous ces gens qui viennent de loin chercher un refuge à Paris, avec leurs quatre meubles sur des charrettes, des voitures à bras... Ce que c'est triste, ce déménagement!...

RAYMOND. — N'est-ce pas, mademoiselle? J'en faisais justement la remarque à mon père tout à l'heure... Les moins à plaindre seraient presque les malades indigents que nous soignons à l'hôpital... Ceux-là ne manqueront de rien... tant qu'ils seront malades!

ANTONINE. — Oui, mais après?

DUPRAT, à Mulard, qui lui remet la facture acquittée. — Merci. Et à bientôt. Venez donc me voir, un de ces matins... Je ne vais à mon bureau que l'après-midi...

MULARD. — C'est entendu. Au revoir, messieurs.

Duprat et son fils sortent.

Scène IV

ANTONINE, MULARD, Mme MULARD,
LE PÈRE GACHETTE

Mme MULARD, à Antonine. — Tu rapportes de l'ouvrage ?

ANTONINE. — Oui, mais pour la dernière fois. Le métier de giletière ne vaut pas mieux que les autres. C'est le cas de dire que trente-six métiers font quarante malheurs.

MULARD. — Et ça n'est que le commencement.

ANTONINE. — Alors, c'est vrai ce que j'ai entendu dire à l'heure chez l'entrepreneuse ? Les communications vont être coupées... On ne recevra pas de sitôt des lettres de province ?

LE PÈRE GACHETTE. — Dame ! il y a apparence...

ANTONINE. — Et ça durera combien de temps, ce truc-là ?

MULARD. — Aussi longtemps que la guerre. Et ça n'est pas le siège de Paris qui va l'abréger.

ANTONINE. — Eh ! bien, c'est gai ! Si seulement j'étais sûre qu'une lettre de Charles arrive par le dernier courrier...

MULARD. — A partir de maintenant, vois-tu, il faut s'habituer à vivre dans l'incertitude.

LE PÈRE GACHETTE. — Nous voilà logés tous les deux à la même enseigne. Un métier et pas d'ouvrage !

ANTONINE. — C'est ce que je me disais ce matin. Alors, il m'est venu une idée... Père Gachette, faut nous associer !

LE PÈRE GACHETTE. — Toi ?... avec moi ?

ANTONINE. — Parfaitement. Le jour où le père et la mère n'auront plus de quoi nous nourrir, savez-vous ce qu'on fera ? Vous prendrez votre violon : je prendrai... mon courage à deux mains... et on ira ensemble, dans les cours, montrer nos talents d'amateurs.

LE PÈRE GACHETTE. — Ce qui ne serait pas déjà si bête !

ANTONINE. — N'est-ce pas ? Un art d'agrément, ça doit pouvoir prendre l'air. Autrement, ça me ferait une belle jambe, d'être appelée mamzelle Thérésa à l'atelier, parce que je pousse la romance et la gaudriole comme cette grande chanteuse.

LE PÈRE GACHETTE. — Tu mets beaucoup d'intelligence et de sentiment dans ce que tu chantes.

MULARD. — Et même de l'esprit, dans ce qui n'en a pas !

LE PÈRE GACHETTE. — Et même de l'esprit, mais oui !

ANTONINE, minaudant. — Oh ! Je vous en prie...

MULARD. — Allons, ne la flattez pas, père Gachette... ou bien je croirai que vous réclamez votre part de compliments.

LE PÈRE GACHETTE. — Moi ?

MULARD. — Oui, vous... qui lui avez appris toutes ses chansons.

LE PÈRE GACHETTE. — Oh ! toutes... quelques-unes seulement... des anciennes... Pour les nouveautés, c'est elle qui m'en remontrerait.

ANTONINE. — Nous ne sommes pas quittes pour ça... Le goût de la musique, c'est tout de même vous qui me l'avez donné.

LE PÈRE GACHETTE. — Ah ! je l'ai donné à bien d'autres... qui n'en ont rien fait. Tu avais des dispositions..., voilà l'affaire.

ANTONINE. — Dis donc, m'man... est-ce que j'ai le temps de piquer, avant déjeuner ?

Mme MULARD. — Oui, oui... mais rien ne te presse.

ANTONINE. — Oh ! la machine, c'est encore un accompagnement. Au lieu de mettre des paroles dessus..., on y met... tout ce qui trotte par la tête... et qu'on ne dit pas !

LE PÈRE GACHETTE. — Elle a raison. La machine à coudre,... c'est une guitare qu'on pince avec les pieds.

Mme MULARD. — Moi, je vais donner un coup d'œil au fricot.

Elle disparaît dans le logement, dont elle laisse la porte ouverte.

ANTONINE, assise devant sa machine à coudre. — Vous l'avez là, votre violon, père Gachette ?

LE PÈRE GACHETTE. — Oui. J'étais justement venu le chercher.

ANTONINE. — Chouette ! Est-ce que vous la connaissez, vous, la chanson des Pas grand'chose ?

LE PÈRE GACHETTE. — Encore une à Thérésa.

ANTONINE. — Oui.

LE PÈRE GACHETTE. — Un peu..., enfin, je l'ai entendue.

ANTONINE. — Jouez-moi voir la ritournelle.

Il va chercher son violon dans l'atelier.

MULARD. — Ça doit être encore du propre !

ANTONINE. — C'est pas une raison, père, parce que t'aime pas ce répertoire-là, pour en dégoûter les autres. On ne peut pas toujours chanter du Béranger ou du Pierre Dupont, enfin, les refrains de ta jeunesse.

MULARD. — Je sais ce que je dis. Les fournisseurs de cette Thérésa ont été les pourvoyeurs du régime déchu. Ils sont responsables de la corruption des mœurs... dont nous crevons ! L'ai-je assez répété qu'ils nous conduiraient où nous sommes ? Une époque a les chansonniers qu'elle mérite. On se fait leurs complices en répandant leurs insanités. Tout se tient. Quand il n'y a plus de moralité nulle part dans un pays, c'est la dégringolade !

ANTONINE. — Mais je t'assure que c'est très moral, les Pas grand'chose. C'est rabat-joie ; ça condamne le vice.... le monsieur qui suit les femmes... Tu vas voir...

MULARD. — Merci !

ANTONINE, au père Gachette, qui rentre. — Ritournelle, père Gachette.

Il la joue, tandis que Mme Mulard sort de la cuisine pour écouter sa fille.

Mme MULARD. — Oh ! moi, tout ce que je dis, c'est que tu sais des choses plus agréables, qui me bercent davantage, si tu préfères...

ANTONINE. — Je te vois venir, m'man... Faudrait te servir du matin au soir des pralines dans ce genre-là !

Elle chante :

Rossignolet du bois sauvage,
Prends ta volée !
Va dire à la fleur du village...

Elle s'interrompt et se lève en voyant entrer Renée de Maurois, élégante, pimpante, un griffon sous le bras.

Oh ! pardon !

Scène V

LES MÊMES, RENÉE DE MAUROIS

RENÉE. — C'est moi qui suis confuse de vous interrompre... Continuez... Non?

MULARD. — Excusez-nous, mademoiselle... On est en famille... Alors...

RENÉE. — J'avais affaire tout près du faubourg Saint-Antoine. J'en ai profité pour dire à mon cocher de m'y conduire. Je voulais vous parler du petit chiffonnier Louis XVI que je vous ai confié...

MULARD. — Je m'en occupe. Il est en bien mauvais état.

RENÉE. — Eh bien, ne vous pressez pas. Si on avait pu prévoir ce qui se passe...

MULARD. — C'est une douloureuse surprise pour tout le monde.

RENÉE. — Où allons-nous? On n'en sait rien. Enfin, espérons que les beaux jours reviendront! Ça m'a fait plaisir d'entendre chanter en entrant ici. C'est de bon augure.

MULARD. — Oh! n'attachez pas d'importance...

RENÉE. — Mais si, mais si. (Désignant Antonine.) Mademoiselle est votre fille, n'est-ce pas?

MULARD. — Oui.

RENÉE, à Antonine. — Savez-vous que vous avez une fort jolie voix? Une fortune dans le gosier.

ANTONINE. — Oh! une fortune... ou la dèche!

RENÉE. — Allons donc! Vous ne dites pas ce que vous pensez..., ce que vous penseriez si réellement...

ANTONINE. — Je vous assure... D'abord, je n'ai pas d'ambition... pas de grandes ambitions. Je sais que la vie a des hauts et des bas, et, entre les deux, vrai, mon cœur ne balance pas, il reste à sa place, au milieu, et ne demande qu'une chose: ne pas sortir de là.

RENÉE. — Est-elle gentille! Au fond, vous avez sans doute raison. C'est le langage de la sagesse.

MULARD. — Pour ça!

RENÉE. — Oui. Mais par le temps qui court, surtout, peut-on dire ce qu'on fera et ce qu'on sera demain?

MULARD. — On peut toujours dire qu'on fera son devoir... et rien que son devoir!

RENÉE. — Naturellement.

MULARD. — Chanter ne signifie pas toujours qu'on a le cœur gai et l'esprit tranquille. C'est quelquefois tout le contraire.

ANTONINE. — Pour sûr!

RENÉE, l'imitant. — Pour sûr! Elle a bien dit ça: Vous n'avez ni le cœur gai, ni l'esprit tranquille... vous?

ANTONINE. — Dame!... il n'y aurait pas de quoi!

Mᵐᵉ MULARD. — Son fiancé est parti depuis deux mois... et elle attend de ses nouvelles.

RENÉE. — Soldat?

MULARD. — Oui. Elle chante pour s'étourdir. Qu'elle reçoive une lettre et de bonnes nouvelles... elle ne chantera plus!

ANTONINE. — Sur le moment. Après... ce que je me rattraperai!

RENÉE. — A quel corps d'armée votre fiancé appartient-il?

ANTONINE. — Au 12ᵉ.

RENÉE. — Ah! Il était donc à Sedan.

MULARD. — Oui.

Silence.

RENÉE. — Je suis peut-être à même, par mes relations, de vous renseigner... En tout cas, deux sources d'informations valent mieux qu'une. Si vous avez besoin de moi... venez me trouver... Vous savez mon adresse... Renée de Maurois, rue Caumartin...

MULARD. — Rue Caumartin... oui.

RENÉE. — Je suis toute à votre disposition.

Mᵐᵉ MULARD. — Nous vous remercions, madame. La petite serait si heureuse d'être rassurée. Vous comprenez ça... A la veille de se marier... cette guerre!

RENÉE. — Hélas! Au revoir monsieur Mulard. Et pour le petit meuble à réparer, encore une fois, rien ne presse. Au revoir.

Elle sort.

Scène VI

LES MÊMES, moins RENÉE

Mᵐᵉ MULARD. — Elle est charmante, cette dame!

MULARD. — Cette demoiselle.

Mᵐᵉ MULARD. — C'est la même chose. C'est une personne aimable, et voilà tout.

MULARD. — Elles le sont toutes... aimables!

Mᵐᵉ MULARD. — Oui, mais toutes ne sont pas de bonnes clientes... et jolies, comme celle-là. Je ne la connaissais pas.

MULARD. — Eh! bien, tu gagnais à ne pas la connaître. Son ami est un de ces hommes qui ont conduit la France à sa perte!

Mᵐᵉ MULARD. — Savoir si elle n'y serait pas allée sans lui.

ANTONINE. — Et tu le connais, toi, ce monsieur?

MULARD. — Probable. C'est le colonel d'Anthenay, le beau-frère de M. Duprat, qui était là tout à l'heure.

Mᵐᵉ MULARD. — Alors, cet officier fait prisonnier à Sedan?

MULARD. — C'est lui. Bon débarras!

LE PÈRE GACHETTE. — Je l'ai rencontré des fois chez la demoiselle, en allant reporter de l'ouvrage. Un bel homme... et qu'on devinait fort capable de se faire tuer proprement à la tête de son régiment.

Mᵐᵉ MULARD. — Là!

LE PÈRE GACHETTE. — Je ne peux pas dire le contraire: de l'allure, il en avait!

MULARD. — De l'allure... et pas de mœurs!

ANTONINE. — Ça vaut mieux que d'en avoir de mauvaises.

MULARD. — C'est tout comme!

ANTONINE. — Renée de Maurois... ça sonne bien!

MULARD. — C'est un nom de guerre.

LE PÈRE GACHETTE. — L'amie d'un militaire...

MULARD. — Elle ne s'appelle ni de Maurois, ni peut-être même Renée.

ANTONINE. — Oh! pendant qu'elle y était!

LE PÈRE GACHETTE. — Pour elle aussi, les jours difficiles sont arrivés!

MULARD. — Oh! ce n'est qu'un mauvais moment à passer. Le colonel peut ne pas revenir. Un de perdu...

ANTONINE. — Dieu, que tu es méchant! Non. Tu en as l'air seulement.

MULARD. — Ne t'y fie pas! Cette demoiselle est libre, assurément. Mais c'est plus fort que moi... Il y a des façons de vivre qui m'exaspèrent, parce que j'ai toujours, comme citoyen, recherché les responsabilités.

LE PÈRE GACHETTE. — Eh bien, patron, vous avez de la besogne!

Scène VII

MULARD, Mme MULARD,
LE PÈRE GACHETTE, ANTONINE,
FRANCŒUR, vingt ans.

ANTONINE. — Francœur!

Mme MULARD. — En voilà une surprise!

MULARD. — Ah ça! petit, d'où sors-tu?

FRANCŒUR, après avoir serré la main à Mulard et au père Gachette. — D'un pétrin pas ordinaire! Et encore…, quand je dis que j'en suis sorti…

Mme MULARD. — Il y a combien de temps qu'on ne t'as pas vu? Plus de deux mois.

MULARD. — Je crois bien! C'était avant la déclaration de la guerre…

FRANCŒUR. — Ah! je peux dire qu'elle a renversé ma marmite, la guerre, et tout son tremblement! Ma carrière est brisée, quoi!

Mme MULARD. — Oh! brisée…

MULARD. — Interrompue.

FRANCŒUR. — Allons, m'sieu Mulard, vous savez bien et mieux que moi que l'empereur, l'impératrice, la cour ne reviendront jamais à Saint-Cloud.

MULARD. — Je l'espère bien!

LE PÈRE GACHETTE. — Saint-Cloud, maintenant, c'est à nous!…

FRANCŒUR. — Oui, vous croyez gagner au change… Moi, je suis sûr d'y perdre. Avouez que c'est tout de même du guignon! Attaché depuis plus d'un an aux écuries, j'étais sur le point de passer piqueur… et v'lan! la débâcle! Y a pas de justice!

MULARD, riant. — Au contraire!

FRANCŒUR. — Oui, il y en a une pour un vieux républicain comme vous: mais pas pour moi… C'est pas les carrosses de la République française que j'escorterai, c'pas?

MULARD. — Il ne faut jurer de rien.

LE PÈRE GACHETTE. — On escorte toujours quelque chose!…

FRANCŒUR. — Des sapins, des locatis… la loge du concierge montée sur quatre roues, v'là les carrosses de la République! Merci!

MULARD. — Tu aimes les chevaux; tu trouveras toujours à t'employer…

FRANCŒUR. — J'aime les beaux chevaux… pas les carcans… J'ai pas fait l'apprentissage de cocher de fiacre, comme disait Palikao…

MULARD. — Qui ça? Le général?

FRANCŒUR. — Non. Son cocher. Pac' que faut vous dire: cui qui conduisait le maréchal Lebœuf, s'appelait Lebœuf: cui qui conduisait le ministre Gramont, s'appelait Gramont, et cui qui conduisait le général comte de Palikao, s'appelait Palikao naturellement.

LE PÈRE GACHETTE. — Et cui qui conduisait l'empereur, s'appelait-il Badinguet?

FRANCŒUR. — Non. Dans les écuries de Saint-Cloud, les écuries impériales, on se permettait bien des familiarités… mais pas celle-là!

MULARD. — Et alors… que s'est-il passé?

FRANCŒUR. — Eh! bien, voilà. Fin août, j'ai été désigné en second pour accompagner des chevaux, ce qu'on appelle des chevaux, à l'armée du Rhin, où nous devions rejoindre l'empereur et sa maison… Mais va te faire fiche! C'est à Sedan qu'on a été démonté… et comment! Vous parlez!… Ah! je m'en souviendrai longtemps. Se voir confisquer des chevaux superbes comme ceux-là, c'est déjà marronnant, pas vrai? mais quand je pense aux sales derrières d'Alboches qui s'écrasent dessus, et aïe donc! pendant que j' cause… vous dire c' que j'éprouve… ah! c'est plus que de l'embêtement!… J'aime les chevaux!

LE PÈRE GACHETTE. — Enfin, t'es bon pour les animaux.

FRANCŒUR. — Oh! il y en a dont je me fous pas mal!

ANTONINE. — Mais… si vous étiez à Sedan, vous avez vu Charles…

FRANCŒUR. — Oui… oui…

ANTONINE. — Souvent?

FRANCŒUR. — Plusieurs fois.

ANTONINE. — Mais la dernière, quand?

FRANCŒUR, avec embarras. — Avant la bataille… la capitulation…

ANTONINE. — Et depuis?

FRANCŒUR. — Ah! on a été séparé… Comme je n'appartiens pas à l'armée, on m'a laissé tranquille; tandis que lui, n'est-ce pas?

ANTONINE. — Enfin, vous n'avez plus eu de ses nouvelles?

FRANCŒUR. — Non.

Mme MULARD. — Vous pensez comme nous qu'il est fait prisonnier.

FRANCŒUR. — Il y a beaucoup de chances.

MULARD. — Toutes les chances.

FRANCŒUR. — Enfin… beaucoup.

ANTONINE. — C'est tout de même singulier qu'il n'ait pas trouvé le moyen de nous faire parvenir…

FRANCŒUR. — Oh! non. Quand j'ai quitté Sedan, les prisonniers étaient encore parqués et gardés militairement. Personne ne communiquait avec eux.

Un silence.

Mme MULARD. — Et Irma… ta sœur… dont tu ne parles pas, qu'est-elle devenue?

ANTONINE. — Oui?

FRANCŒUR. — C'est aussi à ce sujet que je voulais vous voir… et même vous demander un service. Encore une que la guerre a fichue dans de jolis draps!

MULARD, sèchement. — Elle y était avant.

FRANCŒUR. — Oh! je connais votre opinion là-dessus, m'sieu Mulard. Mais vous avez beau dire: Irma n'était pas sans excuses, allez… Elle avait quatorze ans et j'en avais seize, quand le père et la mère sont morts, à un mois d'intervalle… Il a fallu se débrouiller.

MULARD. — On a aidé ta sœur… On l'a fait entrer dans le même atelier qu'Antonine… Elle a retrouvé ici une famille. Il ne tenait qu'à elle de se bien conduire. J'ai défendu à Antonine de la revoir et je lui ai fermé notre porte le jour seulement où j'ai appris… ce que tu sais.

FRANCŒUR. — Elle a eu tort, évidemment, d'écouter ce monsieur qui l'a mise dans ses meubles… Oh! bien modestement… Je suis allé chez elle… C'était pas le Péron! cinq cents francs de loyer,… deux pièces et une cuisine, au quatrième sur la cour… la table, l'armoire à glace…. le lit, bien entendu… C'est pas ce qu'on peut appeler la richesse…, non!

LE PÈRE GACHETTE. — Une honnête aisance… à peine…

FRANCŒUR. — A peine.

MULARD. — Peu importe! Elle est tombée… Il n'y a que la chute qui compte. Enfin c'est son affaire, comme c'est la mienne de prendre les mesures nécessaires pour éviter la contagion.

FRANCŒUR. — Irma est très malheureuse… Son ami a disparu… Elle est sans ressources… et même sans domicile… alors, en attendant que je lui en trouve un, j'avais espéré... que vous consentiriez... oh! pendant quelques jours seulement... à lui donner asile.

Mme MULARD. — Moi, je veux bien...

ANTONINE. — Papa...

MULARD. — Laisse-moi tranquille! Je ne reviens pas sur ce que j'ai dit. Jamais la honte ne s'installera sous mon toit... Si elle y était, tu m'entends bien, rien ne pourrait empêcher ces deux mains-là de la jeter dehors! Parlons d'autre chose.

Mme MULARD, soumise. — Comme tu voudras.

MULARD, à Francœur. — Tu dînes avec nous?

FRANCŒUR. — Je peux pas.

MULARD. — Pourquoi?

FRANCŒUR. — Irma est avec moi... Elle m'attend au coin de la rue.

MULARD. — C'est bien.

FRANCŒUR. — Il y a toujours une chose que vous pouvez m'accorder... Irma et mademoiselle Antonine étaient bonnes camarades... comme Charles Bécherel et moi... Ça rendrait un peu de courage à Irma... si quelqu'un lui tendait la main, lui parlait, lui donnait un petit bonjour en passant... Voulez-vous permettre à mademoiselle Antonine de sortir un moment... pour ça?...

MULARD. — Oh! voilà des histoires...

FRANCŒUR, bas. — Éloignez votre fille. J'ai autre chose à vous dire.

MULARD, à Antonine. — Eh bien, soit... va! Mais pas longtemps.

ANTONINE. — Merci, père...

Elle sort par la porte du fond, donnant sur la cour, et le père Gachette sort par la porte de communication avec l'atelier.

Scène VIII

FRANCŒUR, MULARD, Mme MULARD

MULARD. — Allons, maintenant, vide ton sac... et presto!

FRANCŒUR. — Eh bien, devant Mlle Antonine, j'ai pas osé dire la vérité... enfin... tout ce que je savais...

Mme MULARD. — Charles n'est pas prisonnier?

FRANCŒUR. — Non. Il a été tué à la défense de Bazeilles...

MULARD. — Comment le sais-tu?

FRANCŒUR. — Par des camarades qui en sont revenus, eux, et qui l'ont vu tomber.

Mme MULARD. — Il n'est peut-être que blessé...

FRANCŒUR. — Je me suis informé dans les ambulances. Je ne l'ai trouvé nulle part...

MULARD. — Ah! pour la petite, le coup va être dur...

Mme MULARD. — Pour nous aussi. Nous aimions bien ce brave garçon, que nous ne reverrons plus... Nous parlions de lui tout à l'heure encore... Antonine est loin de se douter... Nous nous demandions ce que l'avenir nous réservait... Voilà!

FRANCŒUR. — Vous saurez mieux que moi l'avertir..., avec plus de ménagement... C'est pour ça que j'ai préféré...

MULARD. — Tu as bien fait!... Mais je n'ai pas le courage non plus... (A sa femme.) Parle-lui, toi... Console-la... Tu trouveras les mots qui conviennent... J'ai peur, moi, d'être trop brutal...

Mme MULARD. — Eh! bien, c'en est une... commission!

MULARD. — La voici... Je vous laisse... Au revoir, petit... reviens causer avec nous. (Il passe dans l'atelier.)

FRANCŒUR. — Oui, m'sieu Mulard.

Scène IX

LES MÊMES, ANTONINE

Antonine rentre, défaite, accablée, va tomber sur une chaise et éclate en sanglots, le visage dans les mains.

Mme MULARD. — Ma pauvre petite! (Un silence.) C'est Irma qui t'a dit?

Antonine fait oui de la tête, à travers ses larmes.

FRANCŒUR, à part. — Ah! bien... ce que je vais l'enlever!...

Il sort.

Mme MULARD. — Alors, elle t'a dit aussi que rien n'est certain, somme toute..., enfin, qu'on peut encore conserver un peu d'espoir... Mais si, mais si! On a vu des choses plus incroyables... Tu te rappelles ce feuilleton, où... (Antonine lève sur sa mère des yeux qui demandent grâce.) Oui... Je ferais peut-être mieux de te laisser à ton chagrin.

ANTONINE. — C'est ça,... laisse-moi...

Mme MULARD. — Et, pourtant, non! Tu auras le temps de le ruminer, ton chagrin. Ta mère doit te dire tout de suite qu'elle en prend sa part, pour te soulager.

ANTONINE. — Oh!

Mme MULARD. — Crois-tu que nous ne sachions pas tout ce que tu perds en perdant ce brave garçon? Il t'aurait rendue heureuse. Nous le regardions déjà comme notre fils... C'est affreux de penser qu'il est mort loin de nous, comme ça!...

ANTONINE. — Affreux!

Mme MULARD. — Je vais te dire une chose inutile... inutile parce qu'elle n'adoucira pas ta peine...; mais il faut songer que tu n'es pas seule frappée dans ton affection. On ne compte déjà plus les femmes que cette guerre met en deuil... et elle n'est pas terminée! Des mères pleurent un fils, des sœurs un frère..., d'autres, un mari..., un compagnon qui les laisse dans le besoin. Tu n'en es pas là, heureusement. Ta peine est grande sans doute..., mais elle pourrait l'être davantage, si Charles et toi vous aviez été mariés. Un mois plus tard, vous l'étiez.

ANTONINE. — Ça vaudrait mieux.

Mme MULARD. — Ah! non, par exemple! Ton deuil serait plus lourd à porter, et ça se comprend! Qui sait si tu n'aurais pas la maternité au bout du compte?...

ANTONINE. — Oui..., mais mon enfant aurait un père..., et, maintenant, il n'en aura pas.

Mme MULARD. — Qu'est-ce que tu dis?

ANTONINE. — La vérité.

Mme MULARD. — Non, voyons, j'ai mal compris... ça n'est pas possible..., pas possible que toi..., notre petite fille...

ANTONINE. — Mais si, maman. Charles était constamment là, auprès de moi. Nous sortions ensemble. Vous nous laissiez seuls. On a perdu la tête... et sans mériter qu'on nous jette la pierre pour ça.

Mme MULARD. — Antonine!...

ANTONINE. — Charles était honnête. C'est lui qui vous a demandé d'avancer l'époque de notre mariage. Est-ce qu'on pouvait s'imaginer alors...

Mme MULARD. — Ma pauvre enfant!

ANTONINE. — Tu me disais que mon cas n'est pas isolé...

Mme MULARD. — Je n'ai pas parlé de...

ANTONINE. — C'est la même chose! M. le maire a beau être resté dans la coulisse, je n'en perds ni plus ni moins un bon compagnon qui était tout prêt à faire son devoir. C'est pas de sa faute, ni de la mienne, si on l'a enlevé à sa famille, pour l'envoyer se battre.

Mme MULARD. — Sa famille...

ANTONINE. — Mais oui, la vôtre... et puis, celle qu'il allait se faire.

Mme MULARD. — Il a tout de même abusé de notre confiance...

ANTONINE. — Comme on a abusé de la sienne, en lui disant que l'Empire... c'était la paix !

Mme MULARD. — C'est à ton père qu'il va falloir faire comprendre ça. Tu le connais. Il ne plaisante pas sur ce chapitre-là.

ANTONINE. — La plaisanterie serait amère.

Mme MULARD. — Comment vais-je lui apprendre ?

ANTONINE. — Oh ! ne t'occupe pas... Je m'en charge.

Mme MULARD. — Tu veux, comme ça, tout de suite ?...

ANTONINE. — Oui. C'est pas le courage ni la décision qui me manquent, tu le sais... (Elle va à la porte par où est sorti M. Mulard.) Père !... (Redescendant.) Mieux vaut en finir immédiatement.

Scène X

LES MÊMES, MULARD

MULARD. — Tu sais ?...

Il va vers elle.

ANTONINE. — Oui, père. Je vais te faire beaucoup de peine.

MULARD. — Tu en as beaucoup aussi. Nous partagerons.

Mme MULARD. — Oui.

ANTONINE. — J'ai une grosse faute à me reprocher...

MULARD. — Envers qui ?

ANTONINE. — Envers vous, maman et toi. Vous aviez donné votre consentement à mon mariage avec Charles. J'ai été faible.. J'ai été sa femme. (Mulard la gifle; elle recule; il la poursuit.) C'est une veuve qu'il laisse..., une veuve... et un orphelin... bientôt.

Mme MULARD, s'interposant. — Contiens-toi... Elle a dit un orphelin !

MULARD, après un moment de colère muette. — Prends tes cliques et tes claques... et fous-moi le camp !

Mme MULARD. — Tu n'y penses pas ! C'est ta fille.

MULARD. — Prends tes cliques et tes claques... et fous-moi le camp !

Mme MULARD. — Réfléchis... Tu regretteras...

MULARD. — Je ne regretterai rien ! Je ne suis pas de ceux qui disent une chose et qui en font une autre. Je disais à Francœur, tout à l'heure encore, que, moi vivant, le déshonneur ne s'installerait pas ici... Décampe !

Mme MULARD. — On dit ça... C'est pas une raison...

MULARD. — C'est une raison pour se tenir parole ! Je n'ai pas deux morales, moi, une pour les autres et une pour les miens... Ah! je ne m'étais pas trompé ! A fréquenter cette fille, cette Irma, tu as pris son vice... J'aurais dû prévoir ça, le jour où je l'ai introduite ici... Eh bien, va la retrouver, à présent ! Qui se ressemble s'assemble !

Mme MULARD. — N'ajoute rien à tout ce qui nous accable ! La petite est assez malheureuse comme ça; regarde-la... Où irait-elle ?

MULARD. — Chanter ses saletés dans la rue, si elle veut ! (On entend le père Gachette jouer sur son violon, dans l'atelier, le refrain de la chanson: *Une victime de l'amour.*) Chanter ça, par exemple, qui est de circonstance: *Une victime de l'amour.*

Mme MULARD. — Ne sois pas impitoyable...

MULARD. — Comment donc! Faut-il chanter avec elle ? L'ai-je assez répété que ce qui vient du ruisseau... y retourne !

Mme MULARD. — Oui, mais c'est encore une chose qu'on dit comme ça... (A Antonine, montrant l'atelier où le père Gachette racle toujours son violon.) Dis-lui de cesser... que ça irrite ton père...

MULARD. — Non, non! qu'il continue, au contraire! On dirait que c'est fait sur commande! Demain, tout le quartier fredonnera ça à notre porte, en se moquant de nous... Raison de plus, Mamselle Thérésa, pour déguerpir... en musique ! (En réponse au regard suppliant de sa femme.) Je te donne jusqu'à ce soir pour faire tes paquets.

ANTONINE. — Eh bien... me voilà propre !...

RIDEAU

ACTE II

Un salon bourgeois, chez les Duprat, le 1er janvier 1871.

Scène première

FRANÇOISE, vieille cuisinière; Mme DUPRAT, 45 ans.

FRANÇOISE. — Madame a sonné ?

Mme DUPRAT. — Voyons, Françoise.... causons un peu... et sérieusement. Qu'est-ce que nous allons donner, ce soir, à nos invités ?

FRANÇOISE. — Madame le demande ! Moi, je le demande à madame. Ah! on pourra s'en souvenir du 1er janvier 1871.

Mme DUPRAT. — Cent sixième jour du siège de Paris !

FRANÇOISE. — Madame les compte !

Mme DUPRAT. — Et nous ne sommes pas les plus malheureux ! La famille, réunie ce soir, comme l'année dernière à pareille date, ne déplorera que l'absence de mon beau-frère.

FRANÇOISE. — Il est toujours emprisonné... M. le colonel d'Anthenay ?

Mme DUPRAT. — Non... prisonnier... prisonnier de guerre. Ça n'est pas la même chose.

FRANÇOISE. — Ah !

Mme DUPRAT. — Et même prisonnier sur parole, dans une ville de Prusse. Comprenez-vous? Alors, il ne faut pas dire emprisonné... On pourrait croire...

FRANÇOISE. — Oh! on ne fait guère attention à ça !...

Mme DUPRAT. — Pour le menu du dîner, mon Dieu, je crois que nous n'avons pas l'embarras du choix. Comment accommoderez-vous le cheval ?

FRANÇOISE. — Comme madame voudra.

Mme DUPRAT. — Qu'est-ce que vous diriez d'un haricot de cheval ou encore d'un beau morceau de cheval à la mode ?

FRANÇOISE. — Que ça me serait difficile de le

préparer, pardi! La boutique de la fruitière, ce matin, était vide. Paraît que le boisseau de pommes de terre vaut vingt-huit francs, les oignons quarante francs le litre, le beurre trente francs la livre et les œufs deux francs pièce...

Mme DUPRAT. — Encore n'en trouve-t-on pas aisément. Vous reste-t-il de la conserve?

FRANÇOISE. — Du bœuf de rempart? Oui, madame. Une boîte.

Mme DUPRAT. — Eh! bien, on l'ouvrira... si monsieur ne rapporte rien de mieux. Et comme entremets? Une crème au chocolat!...

FRANÇOISE. — Dame! sans crème ni œufs... avec de la fécule de pommes de terre... oui, c'est possible.

Mme DUPRAT. — Eh! bien, allez, Françoise... Distinguez-vous!

FRANÇOISE. — Ah! Si seulement le pain était mangeable! Madame veut-elle savoir ce que j'ai trouvé dedans, aujourd'hui?

Mme DUPRAT. — Non, j'aime autant ne pas le savoir.

FRANÇOISE. — Pourtant...

Mme DUPRAT. — Laissez-moi la surprise.

Scène II

LES MÊMES, DUPRAT, en uniforme de capitaine dans la garde nationale.

DUPRAT. — Bonjour, Anna. Le 1er janvier nous apporte une heureuse nouvelle.

Mme DUPRAT. — Une victoire?

DUPRAT. — Oh! comme tu y vas! Non! Je pourrais t'intriguer. Je ne le ferai pas. Je préfère te dire tout de suite que Castor et Pollux pourvoiront ce soir et demain à nos repas.

Mme DUPRAT. — Que veux-tu dire?

FRANÇOISE. — J'espère que monsieur ne va pas nous faire manger du chien!

DUPRAT. — Non, Françoise... Quoique le chien... en gigot rôti, ne soit pas un plat à dédaigner... Si on n'était pas averti, ma foi, on jurerait...

Mme DUPRAT. — Ne plaisante pas. La surprise?

DUPRAT. — Je me figurais, ayant nommé Castor et Pollux, être dispensé d'explications. Mais non, et voilà bien la célébrité! Tu as traité comme des chiens les deux éléphants du jardin des Plantes, adjugés à un boucher du faubourg Saint-Honoré, qui les a fait abattre hier et qui les vend au détail aujourd'hui!

Mme DUPRAT. — Non!

DUPRAT. — Si. A telles enseignes que j'en ai fait porter un morceau à Françoise.

FRANÇOISE. — Un morceau d'éléphant?

DUPRAT. — Oui. Malheureusement, je suis arrivé trop tard. La trompe était vendue! Mais on se régalera tout de même.

Mme DUPRAT. — Je ne comprends pas que tu aies le cœur...

DUPRAT. — Allons, tu ne vas pas t'attendrir sur le sort de ces pachydermes! Ils étaient exposés à mourir de faim ou de froid, sans profit pour personne. Plaignons plutôt les pauvres gens. On s'est enfin décidé à ordonner des coupes dans les bois de Boulogne ou de Vincennes. On abat aussi les arbres sur les boulevards. On a raison. Le siège a déjà fait trop de victimes parmi les vieillards et les enfants. Il ne faut pas penser qu'à soi.

Mme DUPRAT. — Oh! là-dessus, d'accord! Il est certain que nos petites misères domestiques, à côté de ça!...

DUPRAT. — Tout le monde fait son devoir. J'ai passé ma compagnie en revue, ce matin. Je suis content. Les braves gens! Ça réconforte!

On sonne.

Mme DUPRAT. — Allez ouvrir, Françoise, ça doit être M. Raymond.

Françoise sort.

DUPRAT. — Je le croyais arrivé.

Mme DUPRAT. — Non. Tu sais qu'il est retenu assez tard à son hôpital. Et puis, avec les réceptions du jour de l'an...

Scène III

LES MÊMES, RAYMOND, 25 ans.

RAYMOND. — Bonjour, mère. Bonjour, papa. (A sa mère.) J'ai dévalisé Siraudin pour tes étrennes à toi, et un marchand d'antiquités à ton intention, papa.

DUPRAT. — Ça, c'est gentil!

Mme DUPRAT. — Non. Il a eu tort. Les confiseurs, cette année...

RAYMOND. — Eh! bien, moi, je dis que des sacs de bonbons comme celui-ci sont susceptibles de conserver à ce commerce de luxe tout son éclat. Quant à toi, père, tu n'auras jamais eu d'aussi bon tabac... que dans ma tabatière.

Il a remis à sa mère et à son père ses cadeaux.

Mme DUPRAT, ouvrant le sac de bonbons. — Une botte de carottes!

DUPRAT, ouvrant le pot à tabac. — Des œufs frais! Où diable a-t-il pu trouver ça?

RAYMOND. — Ah! J'ai eu de la peine! Les œufs ont été pondus exprès pour moi! Où ça? C'est mon secret.

DUPRAT. — Si tu as des relations avec les cocottes...

Mme DUPRAT, pincée. — Adrien!

DUPRAT. — Oh! pardon. J'oubliais que ta mère déteste ce genre de plaisanterie.

Mme DUPRAT, compassée. — On mangera les carottes ce soir.

DUPRAT. — Autour de l'éléphant.

Mme DUPRAT. — Ne penses-tu pas qu'il serait préférable de les réserver pour le pot-au-feu?

DUPRAT. — Françoise va décider.

Il sonne.

RAYMOND. — Je connais une famille où l'on a longtemps hésité entre les quarante manières d'accommoder... deux pommes de terre!

Scène IV

LES MÊMES, FRANÇOISE

Mme DUPRAT. — Tenez, Françoise: M. Raymond a fait aussi votre marché.

FRANÇOISE. — Madame veut rire. Mais c'est bien imité... On dirait vraiment que c'est des carottes.

RAYMOND. — C'en est, Françoise. Tendez votre tablier...

FRANÇOISE. — Pour le rendre, alors; car je ne me chargerais pas d'en trouver.

DUPRAT. — Préoccupez-vous uniquement de nous préparer un plat qu'on laisse à votre inspiration... comme l'éléphant!

FRANÇOISE. — Ah! l'éléphant! Si c'était mangeable seulement...

RAYMOND. — Allez, allez! On lui a jeté trop de pain de son vivant, pour qu'il n'en ait pas gardé le goût!

Duprat. — Ah! J'attends deux personnes: mon professeur d'équitation et mon sergent-major.... le père Mulard. Quand ils arriveront vous me préviendrez.

Françoise. — Bien, monsieur.

Elle sort.

Scène V

Les mêmes, moins FRANÇOISE

Raymond. - Dis donc, maman, à propos du père Mulard... tu n'as pas reçu ces jours derniers la visite de sa fille Antonine?

Mme Duprat. — Non.

Raymond. — Tu n'auras rien perdu pour attendre. Elle viendra de ma part.

Mme Mulard. — Comment ça, de ta part?

Raymond. — Oui.

Mme Duprat. — Tu n'espères pas nous intéresser à cette fille, que ses parents ont dû chasser, parce qu'elle se conduisait mal.

Duprat. — Il y a de ça... environ trois mois, oui..., et Mulard, que je vois tous les jours, ne m'en parle jamais.

Raymond. — C'est regrettable.... car s'il avait vu sa fille échouer, l'autre jour, à l'hôpital, dans mon service, après un accident qui l'a heureusement délivrée du fardeau qu'elle portait..., il est probable que votre Mulard serait moins indifférent.

Mme Duprat. — Allons, tu ne vas pas prendre la défense d'une petite coureuse que son père a mise à la porte.

Raymond. — Singulière façon de l'empêcher de courir, si tu disais vrai. Mais tu te trompes. Antonine Mulard est une honnête fille qui a commis simplement l'imprudence de se marier avant la lettre.

Mme Duprat. — Une victime!

Raymond. — Victime de la guerre, oui. Avec son fiancé, ça fait deux.

Mme Duprat. — Son innocent fiancé!

Raymond. — Il faudrait tout savoir. Ils ne sont peut-être pas plus coupables l'un que l'autre!

Mme Duprat. — Comment donc!

Raymond. — Bref, on lui a signé son bulletin de sortie jeudi dernier. Mais comme il est exact que son père l'a chassée, vous devinez la situation de cette malheureuse... Alors, comme elle est couturière, je lui ai conseillé de s'adresser à toi... qui peux lui donner un peu d'ouvrage... lui procurer des journées, ici ou ailleurs, enfin l'aider provisoirement à vivre. Elle a d'abord hésité; puis, comme elle est fière, elle a fini par dire qu'elle viendrait.

Mme Duprat. — Tu appelles ça être fière?

Raymond. — Oui. J'ai compris qu'elle aimait mieux ça que d'aller implorer son pardon.

Duprat. — On pourrait le demander pour elle. Mulard impitoyable, ça m'étonnerait...

Mme Duprat. — Ton père a raison.... car je n'ai pas du tout l'intention d'introduire cette... demoiselle ici. Nous ne la connaissons pas...

Duprat. — Et nous connaissons son père, qui est un brave et digne homme.

Mme Duprat. — Il n'a pas pris une détermination aussi grave sans motif sérieux. Pourquoi souris-tu?

Raymond. — Parce que tu m'as dit, l'autre jour, avoir donné ton obole à l'Œuvre du Travail des femmes.

Mme Duprat. — Eh! bien... quel rapport ça a-t-il?

Raymond. — Il me semble que j'aimerais mieux, le cas échéant, en secourir une directement.

Mme Duprat. — J'ai tout de même le droit de choisir.

Raymond. — Justement. Moi, je choisirais celle-ci.

Mme Duprat. — Une fille-mère!

Raymond. — Oui, et qui n'a même pas la ressource de contracter ce qu'on appelle un mariage à quinze sous.

Mme Duprat. — Ce qui veut dire?

Duprat. — Régulariser sa situation pour toucher l'indemnité journalière de soixante-quinze centimes alloué aux femmes de gardes nationaux, aux femmes mariées exclusivement.

Raymond. — C'est une chose admirable que la vertu des gouvernements!

Mme Duprat. — On pourrait, à la rigueur, s'apitoyer sur l'enfant; mais puisqu'il est mort...

Raymond. — Ce que la mère peut faire de mieux, c'est de mourir aussi.

Mme Duprat. — Ma foi!

Raymond. — Ecoute, maman, tu te fais plus méchante que tu es...

Mme Duprat. — Certainement. Je garde ma pitié pour d'autres détresses... Il n'en manque pas...

Duprat. — Vous exagérez de part et d'autre. Au fond, il n'y a que sur les moyens de venir en aide à cette jeune femme que vous ne vous entendez pas...

Françoise, *entrant et annonçant.* — Le professeur de monsieur.

Duprat. — Qu'il entre!

Raymond. — Oh! oui, qu'il entre! Je ne suis pas fâché de le voir...

Duprat. — C'est un bien gentil garçon... et qui connaît les chevaux..., je ne te dis que ça!

Scène VI

Les mêmes, FRANCŒUR

Francœur. — Bonjour, mon capitaine.

Duprat, *à sa femme.* — Monsieur Francœur, mon professeur d'équitation. (A Francœur.) Mon fils Raymond. Eh! bien, êtes-vous content de votre élève?

Francœur. — Très content.

Duprat, *à son fils.* — C'est vrai, tu ne sais pas... Ce matin, pour la première fois, j'ai passé la revue de ma compagnie à cheval.

Raymond. — Diable!

Mme Duprat, *à son mari.* — Tu aurais pu me le dire!

Raymond. — Papa craignait de t'inquiéter.

Duprat. — M. Francœur est venu assister à mes débuts. Alors, ça n'a pas trop mal marché?

Francœur. — Je vous l'avais dit: je réponds de tout, pourvu qu'on n'entende pas les tambours...

Duprat. — Ah! Vous croyez que s'ils avaient battu aux champs...

Francœur. — Le percheron vous foutait par terre, sauf votre respect,... ça ne faisait pas un pli!

Duprat. — Il est ombrageux?

Francœur. — Il faut le connaître.

Duprat. — Et vous le connaissez?

Raymond. — Depuis sa plus tendre enfance?

Francœur. — Non. J'ai trouvé ce magnifique percheron, oh! bien par hasard, chez un blanchisseur d'Arcueil qui voulait s'en défaire.

Duprat. — M. Francœur a la passion du cheval. Et je commence à la partager.

Raymond. — Nous commençons tous à aimer le cheval.

FRANCŒUR. — C'en est toujours un de sauvé!

Mme DUPRAT. — Comment?

FRANCŒUR. — Enfin, toujours un qu'on ne mangera pas.

DUPRAT. — Ah! celui-là peut dormir tranquille! Manière de parler... Car il a beau ne pas être un cheval de troupe, je présume que, dans une sortie, il se comporterait convenablement, hein?

Mme DUPRAT. — Adrien! A quoi vas-tu penser là? J'espère bien que monsieur t'a donné un cheval de tout repos!

FRANCŒUR — Rassurez-vous, madame, je suis là.

DUPRAT. — Je remercie tous les jours Mulard de nous avoir mis en rapports...

RAYMOND. — Ah! c'est Mulard?

C'est vrai ce que dit M. Francœur? L'impression, ce matin, n'a pas été mauvaise?

MULARD. — Pas mauvaise du tout. On a eu un peu d'inquiétude seulement quand vous avez tiré votre sabre... Mais ça n'a été qu'un éclair.

DUPRAT. — Dites-moi... Dans les autres compagnies... est-ce que... les capitaines sont montés?

MULARD. — Il y a eu quelques tentatives... mais pas heureuses!

DUPRAT. — La bonne volonté ne suffit pas. Il y a l'aptitude.

FRANCŒUR. — Vous n'avez pas besoin de moi, mon capitaine?

DUPRAT. — Non. A demain matin.

FRANCŒUR. — Entendu. Au manège. Neuf heures.

Mlle Duprat.   Raymond.   Francœur.   Duprat.   Mulard.

SCÈNE VII. — Francœur : « *Vous n'avez pas besoin de moi, mon capitaine?* »

FRANCŒUR. — Oui, et je ne l'oublierai jamais. C'est à moi surtout qu'il a rendu un fier service!... Par le temps qui court, tout le monde a besoin de leçons d'équitation... et personne n'en prend!

Scène VII

LES MÊMES, FRANÇOISE, MULARD

FRANÇOISE, entrant et annonçant. — M. Mulard.

Elle sort.

DUPRAT. — Ah! tant mieux! Il va nous donner son opinion.

MULARD, en sergent-major de la garde nationale. — Bonjour, monsieur Duprat... Madame... (A Raymond.) Monsieur... votre serviteur.

DUPRAT. — Mulard... vous êtes un homme franc...

DUPRAT. — Quant aux tambours et clairons...

FRANCŒUR. — Croyez-moi... Dans quelque temps...

Mme DUPRAT. — Pas trop tôt, je vous en prie, et seulement si c'est indispensable.

Francœur sort.

Scène VIII

LES MÊMES, moins FRANCŒUR

DUPRAT. — Vous m'apportez les pièces à signer?

MULARD. — Oui. Les voici.

DUPRAT. — Bien. Ah! J'ai une idée à vous soumettre. Vous allez me dire si elle est pratique.

MULARD. — Oh!

DUPRAT. — Si, si... Vous êtes de bon conseil. Voilà. Je voudrais que vous dressiez la liste des hommes de la compagnie qui sont indigents et qui ont des enfants en bas-âge. Ils ont besoin plus que les autres qu'on s'occupe d'eux. Mme Duprat ira les voir et veillera à ce que les petits ne manquent de rien, comprenez-vous ?

MULARD. — Oui, monsieur Duprat. C'est une excellente idée.

DUPRAT. — Sur un point toutefois, je ne suis pas d'accord avec ma femme. Le gouvernement de la Défense nationale me paraît mal inspiré en bornant sa sollicitude aux femmes mariées. Je désirerais — et mon fils est de cet avis — étendre notre assistance aux unions libres. La faim et le froid ne distinguent pas entre celles-là et les autres.

MULARD. — Sans doute. Mais rien n'empêche les faux ménages de se mettre en règle avec la loi.

DUPRAT. — Rien n'empêche... pas toujours ! Il y a des cas... de force majeure... Si l'homme est tué dans une sortie, par exemple...

MULARD. — Que voulez-vous ? C'était à lui à ne pas attendre au dernier moment pour faire son devoir.

DUPRAT. — Vous êtes sévère.

Mme DUPRAT. — Il est juste.

MULARD. — J'ai une opinion là-dessus, et nette ! Assez de complaisances ! Elles nous ont été fatales. Je suis convaincu que la France est punie par où elle a péché : l'abaissement des caractères et la corruption des mœurs. Si la République doit suivre les errements de l'Empire, il était inutile de la fonder. Si, au contraire, elle veut mettre le fer rouge dans la plaie et refaire la conscience nationale, on peut espérer des temps meilleurs. A nous de donner l'exemple. Les familles, comme les nations, doivent faire parfois des sacrifices pour sauvegarder leur dignité. Si nous avons des membres gangrenés, coupons-les. Notre salut est à ce prix.

Mme DUPRAT. — Bien parlé, monsieur Mulard !

DUPRAT. — Avant de prendre ces mesures de salubrité morale, attendons au moins que la paix soit rétablie. Le moment n'est guère propice. Et puis, songez à ce massacre des innocents, que vous décrétez ! Vous êtes père...

MULARD. — Oh !...

DUPRAT. — Vous parlez d'exemple à donner : l'indulgence en est un.

MULARD. — Ça dépend !... Mettons avant tout de la logique dans nos actes. La bonne devise n'est pas seulement : « Fais ce que dois » ; c'est aussi : « Fais ce que dis. »

Mme DUPRAT. — A la bonne heure !

MULARD. — Si donc vous le voulez bien, j'établirai deux états : un pour les gardes nationaux mariés, un second pour les autres. Le reste vous regarde.

DUPRAT. — Soit. Au revoir, Mulard.

MULARD. — Au revoir, monsieur Duprat. Madame, monsieur, votre serviteur.

Il sort.

Scène IX

LES MÊMES, moins MULARD

DUPRAT. — Eh bien, comment le trouvez-vous ?

Mme DUPRAT. — Admirable ! Il en faudrait beaucoup comme lui.

RAYMOND. — Oh ! non. Le père Brutus multiplié... Je ne me sens pas une vive sympathie, moi, pour ces caractères tout d'une pièce, et inflexibles !

Mme DUPRAT. — Tu es jeune. Tu en reviendras.

En tout cas, du moment que cette malheureuse est condamnée par son père lui-même...

RAYMOND. — Ça n'est pas une raison pour la condamner, vous ! sans l'avoir entendue.

Mme DUPRAT. — Je ne l'entendrai pas.

RAYMOND. — Pourtant...

Mme DUPRAT. — Restons-en là, je te prie, et mêlons-nous de ce qui nous regarde. (A son mari.) Je mets mon manteau et mon chapeau, n'est-ce pas ? Nous allons toujours à cette vente de charité ?

RAYMOND. — Quelle vente ?

Mme DUPRAT. — Celle que Mme Jules Simon a organisée au bénéfice des victimes de la guerre.

RAYMOND. — Ah !... bien.

Mme DUPRAT. — Tu ne viens pas avec nous ?

RAYMOND. — Oh ! non !

Mme Duprat sort.

Scène X

DUPRAT, RAYMOND

DUPRAT. — Tu boudes ?

RAYMOND. — Non, mais j'ai autre chose à faire que d'aller acheter des... brassières pour nos victimes de la guerre.

DUPRAT. — Oh ! évidemment, je suis comme toi : j'aurais mieux aimé faire la promenade classique sur les boulevards, le long des petites baraques. Mais il n'y en a pas... ou si peu... cinq ou six... que ça n'est pas la peine d'en parler.

RAYMOND. — N'en parlons pas.

DUPRAT. — Viens donc avec nous.

RAYMOND. — Non, vrai, j'ai des lettres à écrire, pour qu'elles partent par le prochain ballon.

DUPRAT. — Tu sais... maintenant que ta mère n'est plus là, je peux te le dire : c'est toi qui avais raison tout à l'heure.

RAYMOND. — Alors, pourquoi ne m'as-tu pas soutenu ?

DUPRAT. — Tu la connais. Sur ce chapitre-là, elle est irréductible. Elle n'a plus voulu revoir ton oncle, le colonel d'Anthenay, du jour où il s'est affiché avec cette cocotte, la Maurois...

RAYMOND. — Ça n'est pas du tout la même chose !

DUPRAT. — Non. Enfin je suis là... et si la petite Mulard a besoin de quelque chose, ne te gêne pas, hein ? Préviens-moi... sans que ta mère le sache, voilà tout !

RAYMOND. — C'est toujours ça que les ventes de charité n'auraient pas ! Merci. Tu es un... brave papa ! Va retrouver maman.

Duprat sort.

Scène XI

RAYMOND, assis au bureau pour écrire, FRANÇOISE

FRANÇOISE. — Je vous demande pardon, monsieur Raymond. Monsieur et madame sont sortis ?

RAYMOND. — Oui, Françoise.

FRANÇOISE. — Il y a là une personne... Faut que je lui dise de revenir, n'est-ce pas ?

RAYMOND. — Quelle personne ?

FRANÇOISE. — Une jeune femme, couturière qu'elle dit. Vous devez la connaître... C'est de votre part qu'elle demande à voir madame.

RAYMOND. — Ah ! de ma part... Eh ! bien, oui ; dites-lui de revenir... Non ! Elle dérangerait maman inutilement.. Puisque je suis là, je vais la recevoir...

Faites-la entrer... (Françoise sort.) Elle y gagnera toujours d'être moins mal accueillie... Mais le diable m'emporte si je sais à présent ce que je vais lui dire...

Scène XII

RAYMOND, ANTONINE

RAYMOND, allant au-devant d'elle. — Bonjour, mademoiselle.

ANTONINE. — Bonjour, monsieur.

RAYMOND. — Vous arrivez cinq minutes trop tard.

ANTONINE. — Voilà bien ma chance!

RAYMOND. — Ma mère vient de sortir.

ANTONINE. — Ah! tant mieux!

RAYMOND. — Pourquoi tant mieux? Il me semble, au contraire...

ANTONINE. — Oh!... à vous, je peux bien tout vous dire: j'éprouvais, en venant ici, une espèce de trac... enfin, la même chose qu'en allant chez le dentiste...

RAYMOND. — Non!

ANTONINE. — Si, si... parole! Il y a trois jours que je remets et, tout à l'heure, en arrivant à la porte, j'ai cru que j'allais redescendre sans frapper. Je me souffrais plus. Comprenez-vous ça?

RAYMOND. — D'abord le concierge a eu grand tort de vous faire monter par l'escalier de service.

ANTONINE. — Oh! frusquée comme je suis!

RAYMOND. — Asseyez-vous donc, je vous prie.

ANTONINE. — Merci.

RAYMOND. — Si vous aviez pris le grand escalier, vous auriez rencontré ma mère.

ANTONINE. — Alors, j'ai aussi bien fait de...

RAYMOND. — Elle vous intimide à ce point-là?

ANTONINE. — On se fait des idées!... Je me disais: « Cette dame va te poser des questions à n'en plus finir... auxquelles il te faudra répondre. Si tu te mets comme ça à raconter tes histoires à tout le monde, eh! bien, ma petite, tu n'es pas au bout! »

RAYMOND. — Je crois que vos craintes étaient exagérées.

ANTONINE. — Mais non! Vous le savez aussi bien que moi; ça ne rate jamais! Ce qu'on vous demande généralement..., c'est tout ce que vous n'avez pas envie de dire.

RAYMOND. — Mais je ne vous demande rien.

ANTONINE. — Ça, c'est vrai. Vous ne m'avez rien demandé. Ça fait que je vous ai tout dit... Encore une chose qui ne rate pas. J'ai eu confiance tout de suite, quoi! Alors, tout à l'heure, quand je suis entrée et que je vous ai aperçu, j'ai pensé: « C'est lui. Ça va bien. »

RAYMOND. — Merci! Eh! bien, puisque je possède votre confiance, je veux la mériter. Savez-vous qui vous avez failli rencontrer ici tantôt?...

ANTONINE. — Non.

RAYMOND. — Devinez.

ANTONINE. — Ah! je préfère la donner...

RAYMOND. — Donner quoi?

ANTONINE. — Ma langue au chat, tiens!

RAYMOND. — Votre père était ici il n'y a pas longtemps.

ANTONINE. — Ah! vous l'avez vu?

RAYMOND. — Comme je vous vois.

ANTONINE. — Il a parlé de moi?

RAYMOND. — Non. Vous savez qu'il est sergent-major dans la compagnie de mon père à moi. Il venait pour affaire de service.

ANTONINE. — C'est égal, je l'ai échappée belle!

RAYMOND. — Vous n'avez jamais, depuis votre départ, essayé de rentrer en grâce auprès de lui?

ANTONINE. — Oh! Je savais trop bien comment je serais reçue. Il est comme ça, p'pa... Faut pas lui en vouloir. J'ai vu le jour et le moment où il allait me donner sa malédiction... comme c'était l'habitude dans les drames de son temps. Il n'a pas osé... et j'aime autant ça, parce qu'on a beau dire, n'est-ce pas? ça fait toujours quelque chose.

RAYMOND. — Vous êtes superstitieuse?

ANTONINE. — Moi? Pas du tout. J'aime pas qu'on renverse la salière et ça me déplaît d'être treize à table... A part ça...

RAYMOND. — On était quelquefois treize à table, chez vous?

ANTONINE. — Jamais.

RAYMOND. — Et... votre mère?

ANTONINE. — M'man! Eh bien?

RAYMOND. — Est-elle aussi sévère?

ANTONINE. — M'man? Ah! on voit bien que vous ne la connaissez pas! C'est double crème! Il n'y en a pas deux dans son genre. Mais p'pa, pour elle, c'est le bon Dieu! Quand il a parlé, elle dit Amen! Elle le met au-dessus de tout... Sans ça, parbleu! elle serait partie avec moi. C'est grâce à elle que j'ai pu vivre jusqu'à mon accident... Une chute dans l'escalier.

RAYMOND. — Une chute... involontaire?

ANTONINE. — Naturellement. Comme dit le père Gachette: quand le vin est tiré faut le boire, faut pas le répandre.

RAYMOND. — Le père Gachette?

ANTONINE. — Un vieil ouvrier, qui m'a vue toute petite... C'est par son intermédiaire que m'man me faisait passer des boîtes de conserves... Et puis, j'avais un peu d'ouvrage à la mairie... de quoi payer notre chambre...

RAYMOND. — Votre?...

ANTONINE. — Enfin, la chambre que je partageais avec une petite camarade, Irma, qu'a eu des malheurs, comme moi, mais pas les mêmes.

RAYMOND. — Et vous croyez que votre mère, en s'y prenant adroitement, ne pourrait pas obtenir votre pardon?

ANTONINE. — Oh! ça, non. Tout excepté ça! P'pa a défendu de prononcer mon nom devant lui. Il n'en démordra pas. Quand il s'est vissé quelque chose dans la tête, ça tient bien!

RAYMOND. — C'est peut-être l'enfant, s'il avait vécu, qui aurait été votre meilleur avocat... Et, d'autre part, quel fardeau de moins pour vous!

ANTONINE. — Oh! un peu plus, un peu moins... Je l'aimais déjà, ce mioche. Je ne boude pas à l'ouvrage... J'aurais travaillé pour l'élever et travaillé même en chantant, pour lui faire prendre goût à la vie. Mamselle Thérésa, pas vrai, avait dans son répertoire une chanson pour la circonstance.

RAYMOND. — Qui ça, Thérésa?

ANTONINE. — Moi. Vous ne savez pas? C'était mon surnom à l'atelier.

RAYMOND. — Ah! bah...

ANTONINE. — Oui; vous pensez si je le connais le répertoire de la grande chanteuse! Et l'Rossignolet, et T'en auras pas l'étrenne...

RAYMOND. — Et l'autre... celle à laquelle vous faisiez allusion... C'est pour l'enfant.

Il fredonne.

C'est pour l'enfant,
J'en fais l'serment...

Je ne me rappelle plus le reste...

ANTONINE, continuant:

Je suis sans malice
Car, foi de nourrice,
Rien pour moi, tout pour l'enf...

Elle s'arrête.

Oui, mais celle-là, je n'aurai plus le cœur à la chanter. (Un silence.) **Je bavarde...**

RAYMOND. — Nous bavardons...

ANTONINE. — Enfin, on bavarde... et j'en oublie l'objet de ma visite, comme disent les gens qui parlent bien. Est-ce que votre mère en était avertie... de ma visite?

RAYMOND. — Certainement...

ANTONINE. — Croyez-vous que je puisse compter?...

RAYMOND. — Mon Dieu... si ce n'est immédiatement... du moins... Elle va s'informer... Je l'ai prise un peu au dépourvu, vous comprenez...

ANTONINE. — Oui, oui, je comprends.

RAYMOND. — Ma mère est une excellente personne, excellente... mais elle a des préventions qui... que...

ANTONINE. — Oh! mettez pas des gants de peau pour expliquer une chose toute naturelle... C'est si rare qu'une femme qui a besoin d'indulgence en trouve auprès d'une autre femme! Je vous remercie tout de même... Je n'en suis pas à une déception près, allez! Au revoir, monsieur Raymond.

RAYMOND. — Attendez! Je ne veux pas, moi, je ne veux pas que vous partiez sur cette mauvaise impression. C'est de ma faute, aussi!

ANTONINE. — Oh! de votre faute...

RAYMOND. — Mais oui. Je vous ai donné une espérance qui ne se réalise pas. J'ai eu tort.

ANTONINE. — Vous ne pouviez pas savoir.

RAYMOND. — Mauvaise excuse!

ANTONINE. — Vous n'allez pas tout de même m'attraper parce que je prends votre défense.

RAYMOND, souriant. — Non. Voyons... qu'est-ce que vous allez faire?

ANTONINE. — Quand ça?

RAYMOND. — Mais... en sortant d'ici.

ANTONINE. — Ah! par exemple, ça... (Geste évasif.) Notre logeur nous a donné congé... Notre ancienne entrepreneuse, à Irma et à moi, nous recueille depuis trois jours : mais quand son mari va revenir des remparts, faudra bien lui céder la place, à c't'homme...

RAYMOND. — Oh! permettez-moi...

Il met la main à sa poche.

ANTONINE, vivement, fermement. — Oh!... je vous en prie. Non... n'insistez pas, ou bien...

Mouvement pour sortir.

RAYMOND, la retenant. — Soit. Ecoutez... Il me vient une autre idée...

ANTONINE. — J'aime mieux ça.

RAYMOND. — Enfin, un moyen de vous tirer d'embarras.

ANTONINE. — Oh! il y en a toujours un... à la dernière extrémité!

RAYMOND. — Oui, mais pas pour vous. Le découragement et le dégoût de l'existence, il faut laisser ça aux cœurs faibles... La jeunesse... votre jeunesse, est trempée pour la lutte...

ANTONINE. — Oh! je ne demande pas mieux.

RAYMOND. — A la bonne heure! Eh bien, voilà. Gustave..., un de mes bons camarades, étudiant comme moi, est retourné dans sa famille, en province, avant le siège. Il m'a laissé la clef de sa chambre... à Montmartre. Vous serez chez lui chez vous. Je prends tout sur moi...

ANTONINE, avec hésitation. — C'est justement...

RAYMOND. — C'est justement quoi? Ah! je vous en prie à mon tour, ne me prêtez aucune arrière-pensée... Je vous offre ça... en camarade... à vous et à Mlle Irma, que je n'ai ni l'honneur ni le plaisir de connaître, d'ailleurs...

ANTONINE. — Oh! elle acceptera.

RAYMOND. — Mais... vous?

ANTONINE. — J'accepte aussi sans cérémonie... pour mes étrennes.

RAYMOND. — C'est ça! Pour vos étrennes!

ANTONINE. — Ça me donnera toujours le temps de me retourner.

RAYMOND. — Ah! je dois vous prévenir : c'est haut.

ANTONINE. — Veine! Ce qu'on doit avoir une belle vue!

RAYMOND. — Une vue magnifique! Trouvez-vous demain, à deux heures, rue des Rosiers... et je vous présenterai au concierge.

ANTONINE. — Entendu. Et merci!... A demain.

Elle se trouble.

RAYMOND. — Qu'est-ce que vous avez encore?

ANTONINE. — Rien... rien... Je suis contente...

RAYMOND. — Eh bien, vous avez une façon...

ANTONINE. — Oui... Faites pas attention... Est-ce bête, hein? C'est comme quand on se met à rire et qu'on ne peut plus s'arrêter... (A travers des larmes.) Je ne peux pas... c'est plus fort que moi... je ne peux pas... A demain!

Elle se sauve, le mouchoir sur les yeux.

RIDEAU

Scène VIII. — Mulard : « *Et si je te flanquais ma main sur la figure pour l'apprendre le respect ?..,* »

ACTE III

A Montmartre, le 18 mars 1871. Sur la Butte, devant le restaurant : Au Rocher Suisse. *L'endroit forme une sorte de petit palier, au milieu de la rue de la Fontenelle, qui traverse la scène et aboutit, plus haut, à la rue des Rosiers. De l'établissem nt, qui se compose d'un rez-de-chaussée, d'un premier étage avec terrasse et de jardins avec bosquets, on découvre Paris.*

Scène première

BARSAC, LUROT, patron du *Rocher Suisse,* GARDES NATIONAUX en armes, buvant au seuil de l'établissement. Lurot seul ne porte pas l'uniforme de la Garde nationale.

BARSAC. — Moi, j' te dis, mon vieux Lurot, que Montmartre a fait, ce matin, de la belle ouvrage, en s'opposant à l'enlèvement des canons!

PREMIER FÉDÉRÉ. — Pour sûr!

LUROT. — Oh!... j'en suis pas aussi sûr que vous!

DEUXIÈME FÉDÉRÉ. — T'étais pas là; tu peux pas savoir.

BARSAC. — Et puis, t'es patron; tu peux pas comprendre.

LUROT. — Je comprends très bien que nous sommes menacés de la guerre civile... après l'autre guerre. Il ne manquerait plus que ça! Paris est épuisé. Il n'a pas besoin d'une nouvelle saignée!

BARSAC. — A qui la faute? Il y a quinze jours, c'était la capitulation, Paris livré, trente mille Allemands dans les Champs-Elysées...

PREMIER FÉDÉRÉ. — Aujourd'hui, il va falloir payer les loyers arriérés...

DEUXIÈME FÉDÉRÉ. — Avec quoi? Avec les économies qu'on a faites sur nos trente sous par jour?

LUROT. — Eh! bien, et les effets de commerce échus? On a beau décréter qu'ils sont tout de suite exigibles, c'est pas ça qui met du beurre dans les épinards des patrons, comme tu dis!...

PREMIER FÉDÉRÉ. — Tu vois bien! Tout le monde est exaspéré! L'Assemblée de malheur et ce gouvernement d'incapables veulent pousser les Parisiens à bout...

BARSAC. — Afin d'avoir un prétexte pour escamoter la République et proclamer un roi à sa place.

DEUXIÈME FÉDÉRÉ. — Ou ramener l'Empire.

BARSAC. — Paris défendra ses droits!

Scène II

LES MÊMES, FRANCŒUR, venant d'en bas : il ne porte pas l'uniforme.

BARSAC. — Ah! t'arrives comme les carabiniers, toi... trop tard!

FRANCŒUR. — Enfin, j'arrive. Raconte-moi ce qui s'est passé ce matin... et pourquoi les Buttes-Montmartre ont l'air d'être en fête...

BARSAC. — Eh! bien, mon petit, tu peux dire que t'as perdu une belle occasion de t'illustrer avec nous! Voilà l'affaire... C'est à cause des canons. Tu sais qu'on en a transporté plus de cent cinquante là-haut, pour ne pas les laisser dans la zone occupée par les Prussiens, quand ils sont entrés dans Paris...

FRANCŒUR. — Oui, oui.

PREMIER FÉDÉRÉ. — La garde nationale les a payés, ces canons-là; c'est à elle.

DEUXIÈME FÉDÉRÉ. — On n'y touchera pas sans sa permission.

Barsac. — Alors, Thiers et sa bande..., le gouvernement, quoi, ont décidé de brusquer les choses et, la nuit dernière, à l'improviste, ils ont envoyé des troupes pour nous reprendre les canons.

Francœur. — Ah!

Barsac. — Oui. D'abord, l'entreprise a réussi. Comme les attelages manquaient, déjà les soldats commençaient à descendre les canons à bras..., lorsqu'on nous a prévenus. Ah! mon petit... si t'avais vu! Réveillé par le tocsin et le rappel, tout Montmartre, gardes nationaux, femmes, enfants, s'est précipité vers le parc d'artillerie et la Tour de Solférino... où il y avait des sergots, des cipaux, des chasseurs à pied et un bataillon du 88ᵉ de ligne. J'étais là... On les entourait; on criait: « Vive la ligne! Bas les armes!... » Pour lors, un général a donné aux soldats l'ordre de tirer sur la foule... Mais qu'est-ce qu'ils ont fait? Les uns ont jeté leur fusil, les autres ont mis la crosse en l'air... On se serrait les mains, on s'embrassait, on chantait, on fraternisait, quoi! Tu parles de fête populaire! T'en as jamais vu une pareille! Ah! sergots et cipaux n'en menaient pas large! On leur a pas fait de mal. On s'est contenté de les désarmer et de les conduire à la mairie, où ils sont en sûreté. Les officiers, eux, c'est au Château-Rouge qu'ils sont prisonniers.

Francœur. — Pourquoi, prisonniers?

Barsac. — Tiens, comme otages.

Premier Fédéré. — Si tu crois que Thiers a dit son dernier mot!

Deuxième Fédéré. — Après nos canons, c'est nos fusils qu'il voudra nous enlever.

Premier Fédéré. — Comme si la garde nationale avait pas su s'en servir..., à Buzenval! Qu'il s'y frotte, l' bout d'homme! On le recevra avec les honneurs dus à son rang et à sa taille!

Francœur. — Enfin, pour le moment?...

Barsac. — Puisque j' te dis que tout est terminé depuis neuf heures du matin. Le temps est superbe... On va faire un brin de toilette aux canons, les embrasser sur la bouche et les reconduire chez eux, chez nous..., là-haut, où ils seront bien gardés. je t'en réponds!

Francœur. — Paris s'apprête à vous donner la main. J'en viens. On bat le rappel partout; des barricades s'élèvent...

Barsac. — C'est bon, c'est bon. Montmartre veille au grain: ça suffit.

Lurot. — Ça ne suffit pas, malheureusement, pour que le commerce reprenne!

Barsac. — Allons, depuis l'armistice, la fin du siège, les Parisiens ont tout de même desserré la ceinture d'un cran.

Premier Fédéré. — On mange à sa faim.

Deuxième Fédéré. — On boit à sa soif.

Lurot. — Oh! l'important n'est pas qu'on boive à sa soif: c'est qu'on paie ce qu'on boit!...

Barsac. — Et que tu serves à tes clients autre chose que du cheval.

Premier Fédéré. — Faut pas cracher dessus!

Deuxième Fédéré. — On a été bien content d'en avoir.

Francœur. — Pour ce qu'on en a fait!

Barsac. — Le pot-au-feu. T'aimes pas le cheval, toi?

Francœur. — J'aime les chevaux.

Barsac. — C'est la même chose. Ils ont tous le même goût! Tiens, gargotier, v'là des clients! Nous, on va s'humecter le porte-pipe et faire une partie de tonneau dans le jardin. (Ils sortent.)

Scène III

LUROT, MULARD, Mᵐᵉ MULARD

Mulard, *s'arrêtant, pour souffler, devant le restaurant.* — Quel temps magnifique!

Mᵐᵉ Mulard. — On a chaud, le 18 mars, comme en plein été.

Mulard. — Faut dire aussi que ça grimpe, pour venir jusqu'ici, et qu'on n'a plus nos jambes de vingt ans! Mais le coup d'œil vaut le voyage.

Mᵐᵉ Mulard. — Ah! oui!... Quel panorama! Tu savais bien ce que tu faisais en m'amenant ici!

Mulard. — Une idée que j'avais depuis quinze jours... depuis que les capitulards ont livré Paris aux Prussiens.

Mᵐᵉ Mulard. — Oh! pour si peu de temps!

Mulard. — Ne dis pas ça! C'est la honte de ce gouvernement de trahison! Regarde-moi ce qu'il a livré... ce qui est encore debout, pourtant, et intact, et formidable! Est-il beau, notre Paris, hein? En bas, au foubourg Saint-Antoine, on ne s'en rend pas bien compte... Mais d'ici, quelle ville! Comme elle apparaît robuste, altière, imprenable! Et c'est ça que les Allemands ont profané! Ils n'ont eu que la peine d'entrer!

Mᵐᵉ Mulard. — Et de sortir.

Mulard. — La honte pour nous, c'est justement qu'ils soient sortis... vivants!

Mᵐᵉ Mulard. — Calme-toi. Nous serons très bien ici, tiens, pour reprendre possession, par les yeux, de ce vieux Paris qu'ils n'ont pas détruit et qui a encore tant de charmes pour nous!

Lurot, *s'approchant.* — Monsieur et madame veulent-ils déjeuner dehors... dans le jardin... ou là-haut... sur la terrasse?...

Mᵐᵉ Mulard. — J'ai peur pour toi qu'il ne fasse un peu frais...

Mulard. — Avez-vous une salle au premier?

Lurot. — Oui, oui.

Mulard. — Avec des fenêtres sur Paris?

Lurot. — Parfaitement.

Mᵐᵉ Mulard. — Alors nous serons encore mieux qu'en bas, pour jouir de la vue. Viens... Nous redescendrons après déjeuner... tranquillement.

Lurot. — Par ici... Veuillez me suivre.

Ils entrent dans le restaurant.

Scène IV

BARSAC, FRANCŒUR, PREMIER, DEUXIEME et TROISIEME FEDERES

Barsac, *sortant du jardin, au troisième fédéré, qui, le fusil à la bretelle, monte la rue.* — Rien de nouveau?

Troisième Fédéré. — Si, ça se gâte.

Barsac. — Où ça?

Troisième Fédéré. — Au Château-Rouge. On y a enfermé séparément un général, qui s'appelle Lecomte, et ses officiers... cinq ou six. Ils demandent à être interrogés par le Comité.

Barsac. — Quel Comité?

Troisième Fédéré. — Le Comité de vigilance du XVIIIᵉ. Mais personne ne sait où le trouver... et on s'impatiente. Ça pourrait faire du grabuge pour les prisonniers.

Barsac. — Chacun son tour! Ce matin ils commandaient: qu'ils obéissent maintenant! Viens prendre un verre avec nous. Es-tu fort au tonneau?

Troisième Fédéré. — Assez...

BARSAC, le débarrassant de son fusil. — Eh bien, lâche ta tabatière... t'en pas pas besoin pour viser la grenouille!

Il l'emmène dans le jardin.

Scène V

ANTONINE, LE PÈRE GACHETTE, son violon sous le bras, puis LUROT

Antonine et le père Gachette viennent du haut de la Butte.

LE PÈRE GACHETTE. — Veux-tu que je te dise, Antonine? Eh! bien, c'est pas encore tantôt que nous ferons recette!

ANTONINE. — Mais si. Il y aura beaucoup de monde dehors.

LE PÈRE GACHETTE. — Trop! Ce qui plaît à ces gens-là c'est pas la musique, c'est le bruit. Le tambour et le clairon leur ont perverti l'oreille. Ils n'aiment plus que ça. Enfin, nous verrons. En attendant (Montrant la tonnelle.) on peut toujours casser la croûte là...

ANTONINE. — Merci. Je n'ai pas faim.

LE PÈRE GACHETTE. — Histoire de boire un coup.

ANTONINE. — Je n'ai pas soif.

LE PÈRE GACHETTE. — T'es pas malade? (A Lurot, qui sort du restaurant.) Il y a du bétail dans le jardin?

LUROT. — Quelques têtes, oui..., mais pour la camelote. On n'a pas encore repris l'habitude de gobeloter à la campagne, le dimanche. La confiance est longue à revenir. L'argent ne se montre pas.

LE PÈRE GACHETTE. — Il a peur de tout!

LUROT. — La salle du premier devrait être pleine... et j'ai servi deux déjeuners!

LE PÈRE GACHETTE. — Alors, inutile de monter?

LUROT. — Vous ne feriez pas vos frais. Venez plutôt prendre quelque chose au comptoir...

Il rentre.

LE PÈRE GACHETTE. — C'est pas de refus... Du vin et deux verres..., s'il vous plaît...

Il invite Antonine à le suivre.

ANTONINE. — Non, je vous assure...

LE PÈRE GACHETTE. — Je boirai donc les deux... comme si je chantais! Attends-moi là, un moment...

Il disparaît.

Scène VI

RAYMOND, ANTONINE

ANTONINE, en train de classer ses chansons, apercevant Raymond, qui traverse la rue. — Ah! Monsieur Raymond!...

RAYMOND. — J'allais chez vous, rue des Rosiers...

ANTONINE. — Si j'avais su que vous viendriez...

RAYMOND. — Je ne croyais pas être libre... et la vérité, c'est que je ne l'étais pas. Mais j'ai entendu dire qu'on se battait sur la Butte;... j'ai eu peur pour vous et je me suis fait remplacer à l'hôpital par un camarade.

ANTONINE. — Je vous remercie... mais vous voyez... rien de sérieux.

RAYMOND. — Pourtant...

ANTONINE. — Ils ont joué aux soldats, comme d'habitude.

RAYMOND. — Joué!... S'il est vrai que la troupe, ce matin, a fait cause commune avec la garde nationale, c'est plus grave... C'est l'insurrection victorieuse..., la guerre civile...

ANTONINE. — Je ne sais pas. Je me suis levée tard. J'ai entendu parler seulement d'une bagarre à la tour de Solférino.

RAYMOND. — C'est égal, faites-moi plaisir. Ne restez pas ici. Venez avec moi.

ANTONINE. — Non.

RAYMOND. — Vous ne voulez pas m'accompagner?

ANTONINE. — Pas aujourd'hui.

RAYMOND. — Pourquoi? Moi qui me faisais une fête de passer la journée avec vous..., de dîner ensemble quelque part, où vous voudrez.

ANTONINE. — Une autre fois.

RAYMOND. — Et puis, j'avais une nouvelle à vous apprendre.

ANTONINE. — Si c'est une bonne nouvelle, ne me faites pas languir..

RAYMOND. — Ça n'est pas une bonne nouvelle, mais ça n'est pas non plus un malheur. Une contrariété, si vous voulez. Et encore... ça dépend de vous.

ANTONINE. — Dites!

RAYMOND. — Eh! bien, mon ami Gustave, vous savez... l'étudiant dont vous habitez la chambre, rue des Rosiers,... il rentre, il sera ici après-demain.

ANTONINE. — Ah!

RAYMOND. — Après-demain seulement.

ANTONINE. — Soyez tranquille, il retrouvera sa chambre dans l'état où il l'a laissée.

RAYMOND. — Où irez-vous?

ANTONINE. — A l'hôtel. Oh! c'est pas l'embarras!

RAYMOND. — Si! Voulez-vous me permettre de m'occuper de ça; de vous installer ailleurs que dans ce quartier... bruyant et trop éloigné de mon hôpital?

ANTONINE. — Ne prenez pas cette peine!... Nous chercherons, Irma et moi.

RAYMOND. — Vous tenez absolument à ne pas quitter votre amie?

ANTONINE. — Dame! ça n'est guère le moment de nous séparer.

RAYMOND. — Elle pourrait chercher de son côté. Votre amitié n'est pas tellement étroite...

ANTONINE. — Il y a l'économie que nous ferons...

RAYMOND. — Question secondaire, dès l'instant que je suis là... J'avais songé à une chose...

ANTONINE. — Si elle est raisonnable.

RAYMOND. — Très raisonnable!... Grâce à mes relations à l'hôpital, je puis vous y faire entrer comme lingère... en attendant mieux, naturellement. Ça ne vous convient pas?

ANTONINE. — C'est gentil de votre part... Il y a deux mois, je n'aurais pas demandé mieux..., mais à présent.

RAYMOND. — A présent?...

ANTONINE. — L'ouvrage va reprendre, j'en ai déjà... Je préfère mon métier de giletière, qui me laisse indépendante.

RAYMOND. — Bref, vous ne voulez rien accepter de moi.

ANTONINE. — Voyons, j'ai prouvé le contraire.

RAYMOND. — Allons donc! Vous vous défiez de moi, je le vois bien. Ma proposition est pourtant bien naturelle. Cet hôtel..., où vos ressources vous condamnent à loger..., me fait horreur! Vous n'irez pas là. Je ne veux pas... Répondez-moi franchement... Depuis deux mois... de quoi vivez-vous, péniblement?

ANTONINE. — Je vous l'ai dit: de quelques travaux de couture...

RAYMOND. — Vous l'avez dit..., mais vous n'avez pas dit la vérité... que je sais. Votre obstination à vous passer de moi.... l'orgueil de ne rien devoir à personne, vous ont fait prendre le plus triste parti.

ANTONINE. — Oh! le plus triste!....

RAYMOND. — Mais oui. C'était bien le moment de **chanter!**

ANTONINE. — Il n'y a pas de sot métier.

RAYMOND. — Non, mais il y en a de... regrettables!

ANTONINE. — C'est un métier qui me nourrit... (Souriante.) L'ennui... c'est que je ne puisse pas l'exercer à domicile..., voilà tout.

RAYMOND. — Il fallait en choisir un autre... ou consentir à ce que je vous vienne en aide.

ANTONINE. — Vous auriez trouvé ça plus... honnête?

RAYMOND. — Oui.

ANTONINE. — Moi, pas. Ecoutez, monsieur Raymond, vous voulez que je sois franche..., eh bien, l'aventure d'Irma, le monsieur qui passe, vous met dans vos meubles et disparaît un beau jour, quand il croit en avoir eu pour son argent..., c'est ça, moi, qui me fait horreur!

RAYMOND. — Alors, vous me supposez capable...

ANTONINE. — Ah! ne nous faisons pas plus vertueux que nous sommes!

RAYMOND. — Mais je vous aime... ça n'est plus pour vous un mystère... Et de l'homme qui vous aime et qu'on estime, on peut tout accepter sans honte. A condition d'aimer soi-même, évidemment. Mais je vous suis indifférent, voilà la vérité!

ANTONINE. — Non, vous savez trop bien que ce n'est pas la vérité.

RAYMOND. — Donnez-moi au moins une espérance... Dites-moi quelque chose qui me prouve... et alors, Antonine, je vous jure que votre volonté sera faite.

ANTONINE. — Bien vrai?

RAYMOND. — Puisque je vous jure...

ANTONINE. — Laissez-moi donc me tirer d'affaire toute seule. J'y arriverai... Je sens que j'y arriverai. Le jour où je pourrai vous recevoir chez moi... oh! pas dans la soie, bien sûr!... la chambre d'une ouvrière...

RAYMOND. — Ce jour-là?...

ANTONINE. — Ce jour-là, Raymond, je vous le jure, moi aussi..., je serai à vous tout entière...

RAYMOND. — Mon cher amour! Il est absurde votre projet... et délicieux tout de même! Mais cette chambre..., même garnie de gentils petits meubles que vous paierez à tempérament... ça représente encore un délai si long... que je ne suis pas sûr d'avoir la patience d'attendre jusque-là... (Il la prend dans ses bras.) Et vous-même, l'aurez-vous, cette patience..., si réellement votre cœur m'appartient déjà?

ANTONINE. — Vous verrez.

RAYMOND. — En tout cas, il y a une chose que vous ne pouvez pas, dès maintenant, me refuser.

ANTONINE. — C'est?

RAYMOND. — De venir demain vous aider à déménager.

ANTONINE. — Oh! pour ce que nous avons à emporter!

RAYMOND. — Ça ne fait rien. Je veux être là... rien que pour savoir votre nouvelle adresse.

Bruit lointain de tambour et rumeur sourde.

ANTONINE. — Eh bien, c'est convenu. A demain. Je vous attendrai. Maintenant, redescendez vite.

RAYMOND. — Seul?

ANTONINE. — Oui. J'ai promis à Irma d'aller la chercher. N'insistez pas aujourd'hui.

RAYMOND. — Ma récompense, si je suis obéissant?

Il la prend dans ses bras.

ANTONINE. — Avec vous, faut payer comptant!

RAYMOND. — Oui. Je suis comme beaucoup d'enfants: on me mène par la bouche. A demain!

ANTONINE. — A demain.

RAYMOND. — Accompagnez-moi au moins quelques pas...

Ils s'éloignent ensemble, par le fond, mais Antonine revient, seule, bientôt après, rejoindre le père Gachette.

Scène VII

ANTONINE, BARSAC, PREMIER, DEUXIEME et TROISIEME FEDERE, puis LE PERE GACHETTE, FRANCŒUR et un QUATRIEME FEDERE, à la tête d'une bande composée de gardes nationaux et de femmes, venant d'en bas.

BARSAC, *sortant du jardin avec ses camarades.* — La grenouille a son compte. Gardons ce qui nous reste de palets... pour d'autres gueules!... (A ce moment la bande apparaît.) Quoi? Le jour de gloire est arrivé?

QUATRIÈME FÉDÉRÉ. — Il arrive. Ça chauffe!...

BARSAC. — On se bat?

QUATRIÈME FÉDÉRÉ. — Non. Mais on va conduire les prisonniers du Château-Rouge rue des Rosiers. La foule est excitée... J'ai bien peur pour eux... pour le général...

PREMIER FÉDÉRÉ. — Il s'est mis dans la gueule du loup. Fallait pas qu'il y aille...

La rue est envahie par une foule qui porte en triomphe un soldat du 88ᵉ et crie: « Vive la ligne! Vive le 88ᵉ! »

LE PÈRE GACHETTE, *lorsqu'ils sont passés, à Antonine.* — Ma petite,... je crois que c'est l'heure et le moment... Qu'est-ce que tu vas leur chanter?

ANTONINE. — Sais pas... N'importe quoi.

LE PÈRE GACHETTE. — Sur la Butte... Le *Chemin du Moulin* me semble de circonstance.

ANTONINE. — Va pour le *Chemin du Moulin!*

FRANCŒUR, *sortant du jardin et apercevant Antonine.* — Irma n'est pas avec vous?

ANTONINE. — Non. Elle est restée à la maison.

FRANCŒUR. — Je vais la chercher. J'aime autant que vous ne vous quittiez pas tantôt. Il y a de l'orage dans l'air.

ANTONINE, *montrant le groupe qui entoure le père Gachette.* — Oh! regardez-les...

FRANCŒUR. — Faut pas s'y fier. Je vais vous envoyer Irma.

Il sort.

LE PÈRE GACHETTE, *à la foule.* — Citoyens... Un peu de silence... On va vous chanter la chanson du Moulin.

Il attaque la ritournelle.

ANTONINE. — D'mandez la chanson du Moulin, chanson villageoise, créée par Thérésa... Je la vends deux sous...

Le bruit d'une foule en marche se rapproche..

DEUXIÈME FÉDÉRÉ. — Le chemin du Moulin... y a pas besoin de l'indiquer à ceux-là qui montent. Ils le connaissent!

ANTONINE, *chantant:*

Au moulin qui tourne,
Qui tourne et retourne,
Je portons du grain
Qui sera demain... etc.

Scène VIII

Les mêmes, MULARD, Mme MULARD

MULARD, sortant du restaurant. — J'te dis, moi, que je ne me trompe pas...

Mme MULARD, le tirant en arrière. — Si, voyons... Viens...

MULARD, qui a reconnu sa fille. — N... de D...!

ANTONINE, continuant d'une voix mal assurée, en regardant Mulard :

Ho! hu! dia! Va donc Martin!
Allons, monsieur, retirez-vous du chemin...
Ho! hu! dia! Va donc Martin!
Car vous nous barrez le chemin du moulin.

MULARD. — Et si je te flanquais ma main sur la figure, pour t'apprendre le respect, morveuse!

> Mouvement des auditeurs. On crie : « Enlevez-le! De quoi se mêle-t-il, le vieux?... » tandis que Mme Mulard s'efforce d'entraîner son mari. Au même moment, débouche sur la place qu'elle balaie, une foule hurlante précédée d'un clairon qui sonne la charge. Aux gardes nationaux, qui portent le fusil sur l'épaule, se mêlent des soldats de la ligne, qui ont mis la crosse en l'air. Les uns et les autres escortent plusieurs officiers parmi lesquels un général en uniforme, sans armes; des femmes complètent le cortège. Mulard et sa femme, roulés dans le flot, disparaissent. Il reste moins de monde autour d'Antonine et du père Gachette, interdits.

LE PÈRE GACHETTE. — Où vont-ils?

BARSAC. — Rue des Rosiers..., où est le comité qui va les juger.

ANTONINE. — Rentrons. (Au père Gachette.) Vous avez vu le père et la mère... Tâchez de les retrouver..., de les tirer de là...

LE PÈRE GACHETTE. — Si c'est possible!

ANTONINE, à ses auditeurs. — La suite à demain! (Protestations.) Non..., mais vous ne voudriez pas! J'suis peut-être libre de ne pas chanter, si c'est mon bon plaisir. (On les entoure en réclamant : « Le moulin! Le moulin! ») S'il vous faut de la musique, je vais vous envoyer l'orgue de Barbarie...

> Cris, bousculade.

LE PÈRE GACHETTE. — Poussez pas!... Vous voyez bien que vous l'étouffez. (Apercevant Francœur.) Eh! Francœur... Par ici!...

FRANCŒUR, accourant. — Laissez-la donc tranquille, c'te femme.

TROISIÈME FÉDÉRÉ. — Quoi? On te chiffonne ta donzelle?

FRANCŒUR, cognant dessus. — Oui, mais c'est toi que j'vas repasser!

> Francœur et le père Gachette dégagent Antonine; la foule se disperse.

LE PÈRE GACHETTE. — J'te l'avais dit : c'est pas une journée à chanter dehors.

ANTONINE. — Non. Je rentre.

FRANCŒUR. — On va vous reconduire... Ah! v'là justement Irma, à votre recherche... (La voyant bouleversée.) Qu'est-ce que t'as aussi, toi?

Scène IX

ANTONINE, LE PÈRE GACHETTE, FRANCŒUR, IRMA, puis BARSAC

IRMA. — Ah! quelle chance de vous rencontrer! Faut pas retourner là-haut...

ANTONINE. — Pourquoi?

IRMA. — Il se prépare du vilain... On demande la mort des prisonniers... Ils étaient enfermés au rez-de-chaussée; mais la foule a envahi la maison en face de chez nous... Elle a brisé les carreaux... Avec tous ces gens armés, on ne peut plus répondre de rien.

FRANCŒUR. — Allons, ils ne feront pas cette bêtise-là! Il n'y a donc personne pour leur dire... J'y vais!

IRMA. — Ils ne t'écouteront pas.

FRANCŒUR. — Les gardes nationaux, peut-être; ils ne savent pas..., mais les soldats... c'est leur général...

IRMA. — Il n'y en a pas de plus enragés qu'eux... et les femmes les excitent, comme ce matin...

> Rumeur.

FRANCŒUR. — Restez là, père Gachette... Faut empêcher... Je cours à la mairie chercher M. Clemenceau...

> Il va pour descendre; une nouvelle vague humaine arrive sur la place.

IRMA. — Il arrivera trop tard!

LE PÈRE GACHETTE. — Toi aussi... Tiens, regarde...

BARSAC. — Rangez-vous!... rangez-vous!... si vous ne voulez pas être enlevés...

FRANCŒUR. — Par qui?

BARSAC. — On a arrêté un autre général en civil, rue Pigalle... c'est Clément Thomas qu'il s'appelle, celui-là... Il a fait tirer sur le peuple.

IRMA. — Aujourd'hui?

BARSAC. — Non... en 48.

IRMA. — Ah! c'est loin!

> La vague déferle, comme précédemment : mais c'est un vieillard en habits bourgeois que soldats et gardes nationaux, confondus, encadrent et malmènent.

ANTONINE, clouée sur place. — Non... c'est pas possible!...

IRMA. — Quoi?

ANTONINE. — Vous n'avez pas vu?... Le soldat qui marchait à côté du vieux...

LE PÈRE GACHETTE. — Il y en avait plusieurs...

ANTONINE. — Je n'ai vu que Charles... Une ressemblance... extraordinaire, en tout cas.

IRMA. — Je n'ai pas remarqué.

FRANCŒUR. — Moi non plus...

ANTONINE. — Alors, je me suis trompée... mais pourtant...

IRMA. — Ne remontons pas là-haut... Venez...

> Ils vont la suivre, lorsque des coups de feu, d'abord détachés, puis plus nourris, éclatent. Un temps s'écoule, après lequel on voit redescendre, silencieuse, morne, tête basse, l'escorte civile et militaire des généraux traînés tout à l'heure rue des Rosiers.

LE PÈRE GACHETTE. — Eh! ben, mon père Gachette..., c'est pas encore ça qui va accorder les violons!

RIDEAU

Charles.   Antonine   Raymond.

Scène XI. — Antonine : « *Je retourne avec les miens!* »

ACTE IV

21 mai 1871. Une brasserie. L'arrière-salle dans laquelle les patrons dînent. Au fond, par une porte vitrée, on aperçoit la brasserie qui s'emplira peu à peu de clients, des fédérés pour la plupart. Porte donnant sur la rue, à gauche ; à droite, autre porte intérieure : au fond, à droite, porte de communication avec l'office.

Scène première

GERSCHEL, Mme GERSCHEL, IRMA

Ils achèvent de dîner. Irma ôte le couvert, tandis que Gerschel et sa femme prennent le café.

GERSCHEL. — Allons, Irma. Dépêche-toi de desservir. On va avoir du monde.

IRMA. — Parbleu... Un dimanche !

Mme GERSCHEL. — Au fait, Antonine a-t-elle dîné ?

IRMA. — Oui. Elle est remontée dans sa chambre. La brasserie, vous savez, on ne l'y trouve guère quand M. Raymond n'est pas là ?

Mme GERSCHEL. — Il est jaloux ?

IRMA. — Dame ! C'est pour ça qu'il n'a pas laissé son amie à l'hôtel. Il est plus rassuré de la savoir ici.

GERSCHEL. — Il a raison. Ce n'est pas un hôtel. On veut bien louer une chambre à quelqu'un qu'on connaît, mais pas au premier venu. M. Raymond est un garçon sérieux qui a très bien soigné ma femme. Son amie est bien ici. Il peut être tranquille.

IRMA. — Oh! ce n'est pas moi qui en dirai du mal de M. Raymond! C'est grâce à lui que je gagne ma vie chez vous, en attendant... Moi, je n'ai pas eu la chance d'Antonine... (*Les Gerschel la regardent.*) Oh! je ne dis pas ça par envie!

GERSCHEL. — Tu auras ton tour, va! Et puis, tu n'es pas malheureuse. C'est gai! Tu vois du monde!... Et pas de la petite bière! Ce qu'il y a de mieux dans la Commune vient ici.

Mme GERSCHEL. — Y viendront-ils encore longtemps? Ça, c'est une autre affaire! Ça n'a pas l'air d'aller très bien pour eux... Il paraît que le bombardement a démoli les portes d'Auteuil et du Point-du-Jour. Les Versaillais pourraient bien entrer par là!

GERSCHEL. — On appelle à côté. Va voir, Irma.

IRMA, *ouvrant la porte de communication.* — Ah! C'est le père Gachette!

GERSCHEL, *allant à la porte.* — Venez donc par ici, père Gachette.

Scène II

LES MÊMES, LE PÈRE GACHETTE

LE PÈRE GACHETTE. — Bonjour, messieurs et dames !

GERSCHEL. — Avez-vous dîné, père Gachette ?

LE PÈRE GACHETTE. — Oui... oui... merci...

Mme GERSCHEL. — C'est bien vrai ?

LE PÈRE GACHETTE. — Oui... oui...

Mme GERSCHEL. — Alors, puisque vous avez dîné, vous accepterez bien un bouillon.

LE PÈRE GACHETTE. — Eh! bien... ça n'est pas de refus.

IRMA. — Je vais vous chercher ça.

Elle sort par la porte des appartements.

LE PÈRE GACHETTE. — Mais... vous savez... je venais voir Antonine, causer avec elle...

Mme GERSCHEL. — Elle vous manque, hein?

LE PÈRE GACHETTE. — Oh! Il est certain que, depuis que je suis seul, je suis bien seul... Et puis, les recettes sont maigres. Mais elle est à l'abri. Je suis très content. Elle a trouvé un garçon bien gentil qui prend soin d'elle. C'est bien. On ne pouvait rien espérer de mieux.

GERSCHEL. — Certainement.

LE PÈRE GACHETTE. — D'autant que si la Commune a le dessous, ce qui ne saurait tarder, sa situation restera la même. Le petit Duprat n'est pas des leurs... Il n'est pas contre non plus. Enfin il est... il est... médecin. C'est pas comme le père Mulard, son affaire sera moins bonne. Il est compromis à fond, lui... Il est membre de la Commune.

GERSCHEL. — Oh! A fond!... Il est de la fraction modérée... Son rôle jusqu'ici a été plutôt effacé...

LE PÈRE GACHETTE. — Eh! bien! Faudrait pas qu'il vous entende!

GERSCHEL. — Sa fille non plus! Elle a beau ne plus voir son père, elle le gobe... Elle a pour lui plus que du respect, et, quand elle lit son nom dans les journaux, elle boit du lait.

LE PÈRE GACHETTE. — Ça se comprend... Ah! que c'est ennuyeux, cette séparation. Ils étaient si bien faits pour s'entendre, ces deux-là... Ces trois-là, plutôt, car la mère...

Mme GERSCHEL. — C'est une brave femme?

LE PÈRE GACHETTE. — Pour sûr!

Mme GERSCHEL. — Dites donc, si j'allais chercher Mlle Antonine?

LE PÈRE GACHETTE. — Ce n'est pas pour vous commander, mais je veux bien.

Mme Gerschel sort par la porte des appartements.

Scène III

LE PERE GACHETTE, GERSCHEL,
puis FRANCŒUR

GERSCHEL. — Moi, père Gachette,... je vais donner un coup d'œil à côté... Il est encore de bonne heure, mais enfin...

LE PÈRE GACHETTE. — Oh! ne vous gênez pas pour moi...

GERSCHEL, entre dans le café et revient en riant. — Ah! il y a un client! Et il était bien sage! Il ne disait rien...

FRANCŒUR. — J'attendais ma sœur, monsieur Gerschel.

GERSCHEL. — Et elle, t'a attendu tout l'après-midi...

FRANCŒUR, important. — J'étais au concert.

GERSCHEL. — Quel concert?

FRANCŒUR. — Le concert que la Commune a donné aux Tuileries, dans la salle des Maréchaux...

LE PÈRE GACHETTE. — Tu étais aux Tuileries, toi?

FRANCŒUR. — Moi et beaucoup d'autres. Ils en faisaient une tête, les portraits des maréchaux, de nous voir là!... On n'est pas des princes..., mais on était des spectateurs.

LE PÈRE GACHETTE. — Tu n'as rien entendu dire, là-bas?...

FRANCŒUR. — Si. Des vers! Des récitations!

LE PÈRE GACHETTE. — Non... A propos des Versaillais?

FRANCŒUR. — Quoi?

GERSCHEL. — Il paraît qu'ils seraient entrés dans Paris par les portes d'Auteuil et du Point-du-Jour.

FRANCŒUR. — C'est des blagues! On a envoyé une estafette aux informations.

LE PÈRE GACHETTE. — Eh! bien?

FRANCŒUR. — Eh! bien, le cheval est parti tout seul. Je ne sais pas s'il est revenu.

GERSCHEL. — Comment tout seul?

FRANCŒUR. — Il s'est tout de suite débarrassé de son cavalier! Ah! si la Commune périt, on pourra dire que c'est faute de cavalerie!

GERSCHEL. — Faute d'autre chose aussi!

FRANCŒUR. — C'est une pitié! J'ai bien essayé de donner des leçons à quelques-uns. C'est peine perdue! Quand le cheval est bon, c'est le cavalier qui ne vaut rien et quand, par hasard, le cavalier est passable, il monte une rosse. Faut rendre cette justice aux rosses, qu'elles sont encore moins nombreuses que les mauvais cavaliers. Non! voyez-vous! on ne s'improvise pas cavalier. Il faut avoir ça dans le sang, de père en fils.

LE PÈRE GACHETTE. — Ton père était écuyer?

FRANCŒUR. — Non... Je dis ça... pour dire... Ça fait de la peine de voir ces pauvres bêtes... leur air triste avec ces emplâtres sur le dos...

GERSCHEL. — Eh! bien! Sais-tu ce que tu devrais faire, puisque tes estafettes ne reviennent pas? Tu devrais sauter sur un cheval et galoper jusqu'à la porte d'Auteuil...

FRANCŒUR. — Mais puisque je vous dis que c'est des blagues...

LE PÈRE GACHETTE. — N'importe...

FRANCŒUR. — Enfin... Si ça peut vous faire plaisir..

GERSCHEL. — Oh!... plaisir!...

FRANCŒUR. — J'y vais! Ça me fera une promenade!... Et puis un cheval sera heureux de sentir enfin un cavalier...

LE PÈRE GACHETTE. — Mais oui... Fais ça pour le cheval!...

FRANCŒUR. — Dites à Irma que je reviens, monsieur Gerschel.

GERSCHEL. — C'est entendu... (Francœur sort.)

Scène IV

LE PERE GACHETTE, GERSCHEL,
puis ANTONINE, puis IRMA

GERSCHEL. — Ah! il n'aime pas les Communards, celui-là!

LE PÈRE GACHETTE. — Dame! Ses états de services dans les écuries impériales...

ANTONINE, entrant par la porte intérieure. — Bonjour, père Gachette!

LE PÈRE GACHETTE. — Bonjour, ma petite.

ANTONINE. — Eh! bien! Qu'est-ce que vous devenez?... On ne vous voit plus... Regardez-moi donc?... Vous n'avez pas très bonne mine... Vous avez été malade?

LE PÈRE GACHETTE. — Non! Non!

Il a une petite quinte de toux.

ANTONINE. — Vous avez pris froid... Faut faire attention, voyons !... Pourquoi ne venez-vous pas plus souvent?

LE PÈRE GACHETTE. — Oh!... moi... Tu sais... Je n'aime pas être indiscret. (Il tousse encore.)

ANTONINE. — Il faut vous soigner... demander une consultation à Raymond... Il va venir...

LE PÈRE GACHETTE. — Ce n'est rien!

IRMA, entrant par la porte des appartements. — Voilà votre bouillon, père Gachette! Prenez-le bien chaud, sans vous brûler. (Elle l'installe sur la table en face.)

ANTONINE, à Gerschel. — Il m'inquiète, le père Gachette... Il a une mauvaise toux.

GERSCHEL. — Oui... Il a plutôt l'air de filer un mauvais coton.

ANTONINE. — Justement... Il me vient une idée... Il faut que j'en parle à Raymond...

GERSCHEL. — Il est certain que s'il pouvait se soigner...

Scène V

LES MÊMES, RAYMOND

RAYMOND, entrant par la porte de communication. — Je vous amène du monde, monsieur Gerschel... des camarades. Irma ! (Gerschel et Irma vont dans la brasserie.)

Gerschel et Irma vont dans la brasserie.

ANTONINE. — Bonjour, mon chéri !

RAYMOND. — Tu vas bien ?

ANTONINE. — Mais oui... Tu ne reconnais pas le père Gachette ?

RAYMOND. — Oh ! Je vous demande pardon !

LE PÈRE GACHETTE, qui prend son bouillon au fond. — Il n'y a pas de mal... On se connaît si peu.

ANTONINE, bas, à Raymond. — Tu n'y fais pas attention, à ce pauvre vieux.

RAYMOND. — Oh ! Il n'a pas l'air de m'adorer !

ANTONINE. — Il est malade, tu le vois bien !... Si tu étais gentil, tu ferais une chose.

RAYMOND. — Mais tout ce que tu voudras.

ANTONINE. — Tout ? Eh ! bien ! Fais-le entrer à l'hôpital. Je me charge de le décider. Je ne veux pas qu'un de ces quatre matins on le trouve dans la rue mort de faim... ou d'autre chose. C'est toute mon enfance, ce père Gachette, et maintenant que je ne vois plus les vieux, c'est encore lui qui me les remplace. (Le père Gachette, qui a achevé son bouillon, se dirige vers la porte de la rue.)

ANTONINE. — Vous vous en allez, père Gachette ?

LE PÈRE GACHETTE. — Ne vous occupez pas de moi.

ANTONINE. — Si ! Si !... Promettez-moi d'aller à l'hôpital Necker demain matin. A quelle heure, Raymond ?

RAYMOND. — Mais... neuf heures...

ANTONINE. — Vous entendez, père Gachette ? Neuf heures ! Raymond a quelque chose d'important à vous dire et vous lui obéirez. C'est convenu ?

LE PÈRE GACHETTE. — Oui !... Oui ! Je ferai ce remplace.

Le père Gachette, qui a achevé son bouillon, se dirige vers la porte de la rue.

ANTONINE. — Père Gachette ?

LE PÈRE GACHETTE. — Quoi ?

ANTONINE. — Venez m'embrasser ?

LE PÈRE GACHETTE, regardant Raymond à la dérobée. — Pas maintenant. (Il sort.)

Scène VI

ANTONINE, RAYMOND

RAYMOND. — Oh ! Il ne me porte pas dans son cœur !

ANTONINE. — En voilà une idée !

RAYMOND. — On croirait vraiment que je lui ai pris quelque chose...

ANTONINE. — Il a de la peine. Il se sent maintenant très seul.

RAYMOND. — Tu ne vas pas regretter, je suppose.

ANTONINE. — Non ! Je ne dis pas ça... Mais il avait encore un semblant de famille... Il n'en a plus...

Il s'est fâché pour moi avec mon père chez qui il devait vivre...

RAYMOND. — Mais il ne veut rien accepter...

ANTONINE. — Il a sa fierté !

RAYMOND. — Nous ne pourrions tout de même pas le garder entre nous. Il y a des moments où il serait plutôt gênant...

ANTONINE. — Oh ! Ne ris pas comme ça !

RAYMOND. — Qu'est-ce que tu veux ? Je n'ai pas le sentiment de la famille.

ANTONINE. — De *ma* famille. (Silence.) Tes parents sont toujours à Versailles ?

RAYMOND. — Oui. J'ai eu de leurs nouvelles aujourd'hui. Pour eux la prise de Paris est une question de jours, d'heures, peut-être.

ANTONINE. — Et ils s'en réjouissent ?... Comment savent-ils ça ?

RAYMOND. — Par mon oncle, le colonel d'Anthenay, qui est à l'Etat-Major.

ANTONINE. — Ce n'était pas la peine de revenir d'Allemagne pour combattre les Parisiens.

RAYMOND. — Chacun ses idées, n'est-ce pas ?

ANTONINE. — Ou son métier. (Silence.) Il est toujours avec Renée de Maurois, ton oncle ?

ANTONINE. — Je ne sais pas... Je n'aime pas, je te l'ai dit, ce sujet de conversation.

ANTONINE. — Tu l'as dit : tu n'as pas le sentiment de la famille.

RAYMOND. — Mais qu'est-ce que tu as ce soir ? Tu es agressive !

ANTONINE. — Ce n'est rien... Je suis un peu agacée.

RAYMOND. — Je le vois bien. Ah ! j'attendais de toi un autre accueil. Aujourd'hui surtout !... 21 mai, ça ne te dit rien ?

ANTONINE. — Si j'y ai pensé ce matin. Il y a juste deux mois aujourd'hui.

RAYMOND. — Vrai... Tu y as pensé... au déménagement de la rue des Rosiers ? Ah ! Gustave ne saura jamais le service qu'il m'a rendu, d'abord en te prêtant sa chambre, et puis en te la reprenant... surtout en te la reprenant...

ANTONINE, émue. — Tais-toi !

RAYMOND, la serrant dans ses bras. — Ma chérie !

ANTONINE, tendrement. — Tu retournes à l'hôpital ?

RAYMOND. — Tu le demandes ? Ce n'est vraiment pas le jour... Non ! Je me suis arrangé avec un camarade... c'est ça que je venais te dire...

ANTONINE. — C'est une gentille surprise !

RAYMOND. — Mais j'ai une commission à faire pour les parents, quelque chose à prendre chez nous et à mettre en sûreté... Maman s'inquiète. Figure-toi qu'elle m'écrit tous les jours pour me demander si j'ai bien fermé les portes de l'appartement.

ANTONINE. — Qu'est-ce que ça veut dire ?

RAYMOND. — Elle a peur qu'en son absence, on pille. C'est une femme qui passe son temps à compter l'argenterie. Elle dit qu'avec ces gens-là il faut s'attendre à tout ?

ANTONINE, froissée. — Avec ces gens-là ?

RAYMOND, confus. — Oh ! pardon... A tantôt ! Dans une heure au plus tard ! (Il sort par la rue.)

Scène VII

ANTONINE, IRMA, puis GERSCHEL, puis MULARD

IRMA, venant du café au moment où Raymond sort. Elle porte des verres vides à la cuisine. — Quoi ? Il s'en va ?

ANTONINE. — Il va revenir.

IRMA. — Qu'est-ce que tu as? Tu as l'air contrarié.

ANTONINE. — Mais non!

IRMA. — Un nuage?

ANTONINE. — Comme qui dirait.

GERSCHEL, venant du café. — Mademoiselle Antonine...

ANTONINE. — Quoi donc?

GERSCHEL. — C'est... M. Mulard... qui est là. Il demande si vous demeurez ici... j'ai dit oui... Il voudrait vous parler...

ANTONINE. — A moi?

GERSCHEL. — Voulez-vous le recevoir ici?... Ça vaut mieux, il me semble?

ANTONINE. — Oui!... Merci! (Gerschel sort.) Pourvu que maman ne soit pas malade!

IRMA. — Pour qu'il cherche à te voir il faut une raison sérieuse.

ANTONINE, regardant la porte par laquelle est sorti Raymond. — Aurait-il appris?...

IRMA. — Il y a encore ça!...

ANTONINE. — Je vais bien voir... Tâche qu'on ne nous dérange pas. (Mulard entre.)

IRMA, avec embarras, en passant dans l'office. — Bonjour, monsieur Mulard. (Il ne lui répond pas. Elle sort.)

Scène VIII

MULARD, ANTONINE, puis CHARLES

MULARD. — Qu'est-ce qu'elle fait ici?

ANTONINE. — Elle sert...

MULARD. — Ah!

ANTONINE, timide. — Bonjour, père.

MULARD. — Mais toi, tu ne sers pas ici, je suppose?

ANTONINE. — Oh! non! Je demeure simplement chez de braves gens qui tiennent cette brasserie et qui m'ont loué une chambre.

MULARD. — Alors, ce qu'on m'a dit est exact. Tu travailles?

ANTONINE. — Oui... J'ai un peu d'ouvrage... Comment va maman?

MULARD. — Elle a mal passé l'hiver comme tout le monde... Mais le beau temps va la remettre.

ANTONINE. — Enfin, elle n'est pas malade?

MULARD. — Non... Mais elle se tourmente, tu comprends, et pas sans motifs... Je ne suis plus souvent à la maison, depuis mon élection.

ANTONINE. — Oui... J'ai appris, papa...

MULARD. — Six mille cent soixante-six suffrages sur huit mille votants.

ANTONINE. — C'est beau! Oh! tu as toujours été très considéré dans le quartier.

MULARD. — On a surtout reconnu mon dévouement désintéressé à la démocratie. Je sortirai de la Commune comme j'y suis entré: les mains nettes!... Si j'en sors vivant!

ANTONINE. — Oh!

MULARD. — C'est aujourd'hui surtout qu'on ne sait ni qui vit ni qui meurt. Il ne faut pas se fier à ce que les journaux impriment: victoire sur toute la ligne, ennemi repoussé...

ANTONINE. — C'est une habitude qu'on a prise pendant la guerre.

MULARD. — En réalité, nous sommes fichus. Mais il ne faut pas le dire. Il faut aller la tête haute jusqu'au bout... Tout de même il y a des risques. Pas plus tard que ce matin, j'ai bien failli y rester. J'étais allé inspecter nos positions de Clichy. Je causais derrière une barricade avec un officier d'artillerie... Un obus éclate... Le temps de me retourner, l'officier était sur le pavé. le crâne ouvert, la cervelle répandue... Ah! ce n'était pas beau... Et il m'est venu quelques réflexions qu'on devrait faire tous les jours... Je me suis dit: « Il n'a tenu qu'à un cheveu que tu sois étendu à la place de cet homme... Et alors?... La mère te pleurerait... C'est tout naturel... Tu es tout pour elle... Mais des regrets, en laisseras-tu d'autres? »... J'ai pensé à toi...

ANTONINE. — Oh! Voyons...

MULARD. — Oh! Je sais ce que j'ai à te reprocher... Mais je ne suis pas exempt de reproches non plus...

ANTONINE. — Mais si, père!... Tout ce qui est arrivé est de ma faute.

MULARD. — C'est ta faute sans doute... Mais, si j'avais su ce que je sais maintenant, je t'aurais trouvé des circonstances atténuantes...

ANTONINE. — Ce qui est passé est passé. Il ne faut pas remuer toutes ces choses-là... On s'est fait assez de peine... Si on pouvait se retrouver ensemble comme dans le temps, tout serait vite oublié.

MULARD. — Ça n'est pas impossible.

ANTONINE. — C'est toi qui me dis ça?

MULARD. — Ce que j'ai à te dire, tu aurais pu l'apprendre autrement. Mais j'ai tenu à ce que ce soit moi... afin, si je ne te revois pas, de te laisser de moi un meilleur souvenir. Ecoute-moi... avec calme. Des fausses nouvelles, il n'y en a pas que dans les journaux... Et ça peut causer des catastrophes aussi dans les familles... Suppose, par exemple, qu'un homme qu'on croit mort ne l'est pas, et qu'il revient comme ça, tout à coup.

ANTONINE. — Charles!

MULARD. — Tu comprends maintenant que je sois venu à sa place. L'émotion pour toi aurait été trop forte, si tu l'avais vu d'abord... A présent, il peut venir: ça n'est plus la même chose. L'existence peut reprendre où on l'avait laissée. Il va t'épouser... Je suis sûr maintenant de ne plus vous laisser seules, la mère et toi... C'est un grand soulagement!

ANTONINE. — Oui... oui... oui...

MULARD. — C'est tout ce que tu trouves à me dire? Je croyais que tu allais sauter de joie!

ANTONINE. — C'est si inattendu... cette nouvelle qui tombe sur moi!

MULARD. — C'est pas une tuile!

ANTONINE. — Non!... Mais je m'attendais si peu. Il y a encore tant de choses que je ne m'explique pas!...

MULARD. — C'est très simple... Il te racontera son histoire lui-même... Il raconte ça d'une façon saisissante d'ailleurs. Ta mère en avait les larmes aux yeux... Ce qu'elle était contente!... Alors, maintenant, tu sais, si tu veux venir l'embrasser... Ah! tu lui feras rudement plaisir, et à moi aussi... Embrasse-moi! (Antonine embrasse Mulard. Il la tient serrée dans ses bras. Charles apparaît par la porte du café. Mulard met ses mains sur les yeux de sa fille, la tourne vers Charles et dit:) Qui est là? (Il laisse sa fille regarder Charles, qui demeure immobile. Elle-même ne fait pas un mouvement.) Allons! n'ayez pas honte! Ah! Je vois bien que je vous gêne... Eh! bien! Je vous laisse... Venez tout à l'heure. le plus tôt possible embrasser la maman!

Il sort par la brasserie.

Scène IX

CHARLES et ANTONINE

ANTONINE. — Alors, je ne suis pas folle? Je suis bien éveillée?

CHARLES. — Le père t'a dit ?...

ANTONINE. — Oh! pas tout, loin de là!

CHARLES. — Enfin il t'a dit que j'ai été blessé, laissé pour mort à Bazeilles. Un camarade m'avait vu tomber... On m'a transporté dans une ferme... Ah! je croyais bien que c'était fini! Les paysans m'ont caché, soigné, sauvé, enfin... Voilà!

ANTONINE. — Et tu as pu revenir à Paris ?...

CHARLES. — Oui... Il a fallu éviter les lignes allemandes. Je voulais encore servir le pays... Se sentir rétabli et se dire que les camarades risquent leur peau, tandis qu'on se tourne les pouces... Ah! non!

ANTONINE. — Non!

CHARLES. — Je suis revenu...

ANTONINE. — Mais tu es revenu trop tard. On ne se battait plus.

CHARLES. — Oui, mais à qui la faute? Quand je me suis mis à la disposition de l'autorité militaire, on venait de capituler. Marcher contre les Prussos, ça va! Mais contre les Parisiens, moi, Parisien, ah! pas de pruneaux! Des nèfles!

ANTONINE. — Alors?

CHARLES. — Alors, j'ai levé la crosse, tu penses!... et j'ai été de tout depuis le 18 mars.

ANTONINE. — C'est donc bien toi que j'ai vu à Montmartre dans la foule qui entourait les généraux ?...

CHARLES. — Oh! Je me suis contenté de les conduire là-haut. Si j'en avais fait davantage, je te le dirais. Des hommes sans défense, pas ça!

ANTONINE. — J'aime mieux... Mais alors, tu n'es pas à Paris depuis hier. Tu y es depuis des semaines?

CHARLES. — Eh! bien! Oui!...

ANTONINE. — Ah!

CHARLES. — Ecoute-moi... et ne me condamne comme ça.

ANTONINE. — Comment? Tu es rentré et tu n'es pas venu aussitôt à la maison...

CHARLES. — J'avais l'intention d'y aller... Mais des camarades du faubourg que j'ai rencontrés m'ont dit ce qui s'était passé en mon absence... Et voir ton père pour être flanqué à la porte, comme tu l'avais été...

ANTONINE. — Mais moi, tu pouvais, tu devais me chercher.

CHARLES. — Je l'ai fait.

ANTONINE. — Tu l'as fait mollement... Ah! non! plus j'y pense!... Nous devions nous marier, je me donne à toi, je porte un enfant dont tu es le père! Pour cela, on me jette dans la rue, dans la misère! et toi, que je croyais mort, tu reviens par miracle. Et tu ne te soucies pas de me revoir! L'homme qui fait ça, comment l'appelles-tu? C'est un misérable!

CHARLES. — Si j'avais été près de toi, si ton père avait découvert ta faute, jamais je ne t'aurais abandonnée, tu le sais bien.

ANTONINE. — Tu aurais dû m'aimer plus encore, puisque nous étions séparés. Mais là-bas, au régiment, tu ne pensais donc jamais au gosse qui naîtrait bientôt ?... A ton gosse, quoi!

CHARLES. — Oh! je pourrais te dire le contraire. Moi aussi... je croyais... Mais la réalité est toute autre. Ma pauvre petite, tu ne sais pas ce que c'est que la guerre. On est mort de fatigue, tu comprends. On s'est traîné pendant toute la journée dans des plaines, sur des routes. On a faim, on a froid, on n'est plus des hommes... On est un troupeau errant conduit par des chiens qui aboient, quand ce n'est pas le canon qui gueule. On sait ce qui vous attend, en voyant tomber les autres! L'éclat d'obus, le coup

de baïonnette, ou tout simplement une mauvaise fièvre à l'hôpital. Je te jure qu'on n'a pas le cœur au sentiment. La vérité est qu'on ne pense plus à rien.

ANTONINE. — Tout cela était possible, là-bas. Mais du jour où tu es revenu à Paris...

CHARLES. — Ah! alors! c'est la résurrection!

ANTONINE. — On ne pense à rien non plus?

CHARLES. — Non! C'est autre chose! C'est un autre genre d'inconscience! On s'abandonne à la joie de vivre encore! On est saoul encore!

ANTONINE. — D'égoïsme!

CHARLES. — D'égoïsme si tu veux... Mais ça ne dure pas, puisque je suis là...

ANTONINE. — Ça a trop duré! Tu ne t'es pas ennuyé depuis deux mois! Tu ne t'es pas souvent demandé où étaient ta femme et ton enfant!

CHARLES. — Oh! l'enfant..., je savais...

ANTONINE. — Oui! Alors la mère ne t'intéressait plus.

CHARLES. — Je ne dis pas ça.

ANTONINE. — Non! Mais c'est clair!

CHARLES. — Oh! je ne prétends pas que ma conduite ait été bien jolie!... Mais puisque je suis revenu, allons, pardonne. Ne sois pas méchante! Nous pouvons être si heureux!

ANTONINE. — Tu ne me demandes pas si je suis libre.

CHARLES. — Je pense bien que...

ANTONINE. — Tu crois tout savoir. Mais moi aussi j'ai une confidence à te faire. Tu parlais d'inconscience, je te comprends. J'ai passé par là, moi aussi.

CHARLES. — Des blagues!

ANTONINE. — Non, non! Regarde-moi. Je parle sérieusement. Ah! moi aussi je me suis trouvée en face de la réalité qui n'était pas magnifique et qui ne permettait pas de raisonner. Quand j'ai été du jour au lendemain dans la rue, avec ton enfant pas sur les bras encore, mais tout de même bien placé pour me gêner. Ah! je t'assure qu'il y a de quoi perdre la tête. Si on pense à une chose, c'est à se jeter à l'eau. Je n'avais plus que ça à faire. Mais j'ai eu peur de la mort, comme toi. J'ai pris le parti de vivre au jour le jour, comme toi. La misère, qui est quelquefois une Providence, m'a délivrée de ton enfant. Et alors, j'ai senti la joie de la résurrection..., comme toi, quand tu as été guéri de ta blessure.

CHARLES. — Je ne te le reproche pas.

ANTONINE. — Attends un peu! Ce n'est pas fini! Les deux mois que tu viens d'occuper si bien, je ne les ai pas mal employés non plus.

CHARLES. — Je ne crois pas un mot...

ANTONINE. — J'ai pris un amant, un garçon que j'aime, qui a été chic avec moi, qui m'a aidée à traverser ce moment horrible. C'est grâce à lui que je suis vivante, et, si je l'avais connu plus tôt, il aurait sauvé aussi ton fils avec la mère.

CHARLES. — Je le connais?

ANTONINE. — Oui. Je n'ai aucune raison de te cacher son nom. C'est Raymond Duprat.

CHARLES. — Le petit étudiant en médecine? Notre voisin?

ANTONINE. — Oui.

CHARLES. — Tu ne peux pas l'aimer!

ANTONINE. — Parce que...?

CHARLES. — Un petit bourgeois!

ANTONINE. — Oh! Toutes les femmes n'ont pas l'honneur d'être remarquées par un ouvrier!

CHARLES. — Allons donc, tu ne peux pas être près de lui comme tu étais près de moi ! On est du même faubourg, de la même graine, toi et moi ! On a poussé ensemble ! Lui... c'est du tabac supérieur !

ANTONINE. — Lui, je l'aime. Je ne peux pas le quitter après ce qu'il a fait pour moi. Je ne te reproche même plus rien. Ce qui est fait est fait. N'en parlons plus. Ce n'est pas beau. Mais nous sommes quittes.

CHARLES. — Ce qu'il a fait ? Il s'est payé sur toi des services qu'il te rendait.

ANTONINE. — Soit ! Une fille perdue paye avec ce qu'elle a !

Scène X

LES MÊMES, FRANCŒUR

FRANCŒUR, entrant en coup de vent par la porte de la rue. — Monsieur Gerschel !... Antonine !...

CHARLES. — Bonjour, Francœur.

FRANCŒUR. — Ah !... Ah !... Eh ! bien, mon vieux !... Vivant ?... tu es vivant ?... Eh ! bien, mon vieux ?... Pour une émotion... D'apprendre coup sur coup, que tu es à Paris et que les Versaillais y sont aussi... Ça me la coupe...

CHARLES. — Les Versaillais ?...

FRANCŒUR. — Eh ! bien, mon vieux !... Tu peux dire que tu arrives à propos... Bouge pas... Je vais leur causer. (Il se dirige vers la brasserie.)

CHARLES. — Laisse-moi leur dire, veux-tu ?

FRANCŒUR. — Si tu y tiens...

CHARLES, regardant Antonine. — Oui, j'y tiens. (Il ouvre la porte du café et s'adresse à la foule qui l'emplit.) Citoyens ! Les Versaillais sont dans Paris !

> Tout le café se lève. Rumeur. Quelques consommateurs, parmi lesquels Barsac, envahissent la salle à manger des Gerschel.

BARSAC. — Ils y trouveront leur tombeau !

DES VOIX. — Oui !... Oui !... Oui !...

BARSAC, à Charles. — C'est bien sûr, au moins ?...

CHARLES. — Francœur vient d'en apporter la nouvelle...

FRANCŒUR. — Ils sont entrés ce matin par la porte de Saint-Cloud qu'on leur a livrée.

VOIX. — Aux armes !... Aux barricades !...

BARSAC, à Charles. — Je vais leur parler !

CHARLES. — Ça n'est pas le moment de faire des discours. Nous n'avons pas trop de toute la nuit pour préparer la défense. Je vais prévenir le père Mulard. Tu viens, Francœur ?

BARSAC. — Francœur, il n'en est pas !

FRANCŒUR, hésitant. — Je n'en suis pas... je n'en suis pas...

GERSCHEL. — Il n'a pas confiance... Les fédérés sont trop mauvais cavaliers.

FRANCŒUR. — Ils ne savent pas monter à cheval, ces gens-là, c'est vrai... On ne leur a pas appris... Mais ils sont peut-être très capables de bien mourir à pied !... Je veux voir ça !

CHARLES. — Alors, tu viens ?

FRANCŒUR. — Ma foi, oui ! Je veux voir ça pour mon compte !... Et puis c'est pas le jour où on se retrouve, qu'on va encore se quitter !

Scène XI

LES MÊMES, RAYMOND

RAYMOND, entrant par la porte de la rue, à Antonine. —

Eh ! bien ! en voilà une nouvelle ! Je ne croyais tout de même pas que ce serait si tôt...

CHARLES. — Un homme averti en vaut deux ! Vous venez avec nous, monsieur Duprat ? (Raymond le regarde avec étonnement. Charles se nomme.) Charles Bécherel... L'ami d'Antonine !

RAYMOND, regardant Antonine et Charles. — Ah !

CHARLES. — Vous venez ?

RAYMOND. — Non, monsieur, je suis médecin, je vais avoir affaire autre part.

CHARLES. — Tiens, c'est vrai ! je n'y pensais plus ! L'hôpital n'est pas seulement un abri pour les blessés !

RAYMOND. — J'ai le respect des gens qui défendent leurs convictions, même les armes à la main. Mais je veux être libre aussi d'avoir une opinion contraire.

CHARLES. — Enfin, d'être contre nous.

RAYMOND. — Non, mais pas avec vous ! Auprès de vous, à l'hôpital, c'est autre chose ! Je ferai mon devoir !

BARSAC. — Ça, mon petit, c'est ce qu'on appelle se défiler !

FRANCŒUR. — Ecoutez donc ! Il a un oncle qui est dans l'état-major, à Versailles !...

CHARLES. — Enfin, il est d'une autre farine, quoi !

> On entend sonner le tocsin et battre la générale. Les hommes passent dans le café et s'équipent. Trois ou quatre seulement restent, avec Francœur, Gerschel et Barsac, autour de Charles.

RAYMOND. — Tu viens, Antonine ?

ANTONINE. — Non !

RAYMOND. — Alors, si je comprends bien, entre lui et moi, ton choix est fait ?

ANTONINE. — Je retourne avec les miens !

RAYMOND. — Les tiens... cet homme ?...

ANTONINE. — Papa.... Lui... Et puis tous les autres !...

RAYMOND. — Ta place n'est pas derrière les barricades !

ANTONINE. — Non ! Mais auprès de ceux qui vont en faire et peut-être mourir dessus !

RAYMOND. — Alors, c'est bon, adieu !...

CHARLES. — Tu viens avec moi chez ton père, Antonine ?

ANTONINE. — Un moment ! (Elle se rapproche de Raymond.) On ne peut pas se quitter comme ça... Et pourtant, si je vous disais que j'ai beaucoup de chagrin, vous ne voudriez pas me croire... Alors..., ça vaut mieux qu'on ne se dise rien... Adieu... (Elle va s'éloigner.) Ah !... Quand vous verrez le père Gachette, n'oubliez pas que vous m'avez promis de le garder à l'hôpital !... C'est surtout maintenant qu'il ne faut pas qu'on le trouve dans la rue...

RAYMOND. — Soyez tranquille ! (Ils se serrent la main.) Adieu !

BARSAC, à Charles. — Alors, maintenant, on va défendre les barricades ?

CHARLES. — Le plus longtemps qu'on pourra.

PREMIER FÉDÉRÉ. — Oh !... du moment que les Versaillais sont entrés, autant dire que la Commune est morte !

CHARLES. — Tu crois ça... Ecoute bien... Elle est morte si peu qu'ils vont la tuer... Et plus ils la tueront, plus elle aura de chances de vivre dans la mémoire des hommes !... (A Antonine, qu'il entraîne.) Allons-y !... Vive la Commune !

TOUS, dans la brasserie. — Vive la Commune !

RIDEAU

Antonine. D'Anthenay.

Scène IV. — Antonine : « C'est contre ce mur-là que vous l'avez fait fusiller ? »

ACTE V

24 mai 1871. Sur la route de Versailles, hauteurs de Saint-Cloud, un parc, dont le canon a démoli en partie le mur de clôture. Chaises et bancs sous les arbres. Un chemin vicinal, aboutissant a la grande route, longe le parc du château. On en aperçoit la grille d'entrée, au fond. Paris dans le lointain.

Scène première

LE MARQUIS, JALIN, SIMON, RENÉE DE MAUROIS, MARION DE L'ORNE, MADE-MOISELLE LEPETIT.

Ils arrivent, par le chemin, jusqu'à la brèche.

LE MARQUIS. — Voilà ce qu'ils ont fait de mon mur ! Vous voyez que je n'exagérais pas.

RENÉE. — C'est vrai qu'il est dans un joli état !

MARION. — Quels sauvages !

MADEMOISELLE LEPETIT. — Sales Prussiens !

LE MARQUIS. — Mais... ce ne sont pas les Prussiens.

SIMON. — Les Communards alors ?

LE MARQUIS. — Non... les Versaillais.

JALIN. — Ils ne l'ont pas fait exprès.

LE MARQUIS. — Tout de même, les artilleurs du Mont-Valérien auraient pu allonger un peu leur tir.

MARION. — Oui. Il y a d'autres propriétés que la tienne, dans les environs.

LE MARQUIS. — Des tas !... Ah ! la nuit du 23 au 24 mai restera dans notre mémoire, hein Jalin ?

Il entre par la brèche, dans le parc, où ses invités le suivent.

JALIN. — Vous pouvez le dire !

LE MARQUIS. — De la terrasse de Saint-Germain, où nous avons dîné et passé la soirée, tout Paris s'éclairait à la lueur d'un immense brasier...

MARION, aigre. — Tu aurais pu venir me chercher. On ne voit pas ça tous les jours.

JALIN. — Non. Et l'on ne recommencera pas pour toi.

LE MARQUIS. — Ça me rappelait Moscou en flammes.

JALIN. — A moi, l'incendie de Rome ordonné par Néron...

MARION. — Un Communard ?

JALIN. — Pas tout à fait. Un précurseur. Les misérables ! Quand je pense qu'ils ont mis le feu au Louvre ! Au Louvre !

LE MARQUIS. — On n'en est pas certain, heureusement.

RENÉE. — En tout cas, aux Tuileries.

MARION. — Au ministère des Finances.

MADEMOISELLE LEPETIT. — Et au Palais-Royal... le théâtre... d'où l'incendie pouvait atteindre la Comédie-Française ! Et alors !...

JALIN. — C'était l'irréparable !

SIMON. — J'ai vu partir ce matin les pompiers de Sèvres, de Meudon, de Saint-Germain et de Rueil, appelés par dépêche pour combattre l'incendie. J'ai peur qu'ils ne soient arrivés trop tard pour sauver les Finances...

LE MARQUIS. — Et les Tuileries...

JALIN. — Il y a encore des monuments qui fument... Mais lesquels ? Passez-moi donc votre lorgnette, Simon : elle est meilleure que la mienne.

SIMON. — Parbleu! une méchante lorgnette de théâtre... (Lui prêtant la sienne.) Avec celle-là, cher ami, on verrait les communards voler votre argenterie... si vous ne l'avez pas mise en lieu sûr.

MARION. — J'espère bien qu'on sera sans pitié pour ces bandits.

RENÉE. — Il y a pourtant quelques braves gens dans le nombre.

LE MARQUIS. — Pas possible!

MARION. — T'en as vu, toi?

RENÉE. — Oui! d'Anthenay m'a fait connaître, au faubourg Saint-Antoine, un vieil ébéniste qui répare les meubles de style dans la perfection.

LE MARQUIS. — Eh! bien? Quel rapport?...

RENÉE. — Ce vieux-là, qui s'appelle Mulard, a été élu dans son quartier, membre de la Commune.

LE MARQUIS. — Et c'est la preuve qu'il est honnête?

RENÉE. — Lui? Il n'a rien volé. J'en mettrais ma main au feu.

LE MARQUIS. — N'en faites rien: elle brûlerait.

SIMON. — La Commune, somme toute, a respecté les grandes Sociétés de Crédit et n'a emprunté à la Banque de France que le nécessaire.

LE MARQUIS. — Emprunté est charmant!...

MARION. — T'as tort de défendre ces gens-là, Renée. Je te demande un peu ce que deviendraient les femmes propres sous le règne de ces voyous?

JALIN. — Qu'est-ce que tu appelles des femmes propres, Marion?

MARION. — Des femmes qui ont soin d'elles, tiens!

JALIN. — Ah!... bien!

MARION. — Ces individus-là ne se lavent jamais.

SIMON. — Oh! jamais...

MARION. — Enfin, tous les trente-six du mois! Vous n'avez pas vu arriver un convoi de prisonniers à Versailles?

RENÉE. — C'est à peu près la seule distraction que nous ayons eue le mois dernier.

MARION. — Des tignasses! Et des barbes! On n'a pas idée de ça...

SIMON. — Aux Variétés... mais sur une barricade!...

MARION. — Vous rappelez-vous comment on a reçu la première rafle que l'armée a faite à Châtillon? Il y avait là le petit Beauchamp et Gisèle, de l'Opéra. Beauchamp a cassé sa canne sur le dos d'un vieux bonhomme, et Gisèle a failli éborgner, d'un coup d'ombrelle, une espèce de singe habillé qui la regardait de travers, en passant.

JALIN. — Elle visera mieux une autre fois.

MARION. — La chanoinesse de Morfontaine lui a crié: « Très bien, mademoiselle! »

LE MARQUIS. — Une forte émotion rapproche les distances.

MADEMOISELLE LEPETIT. — Ce que je regrette de n'avoir pas été là!

JALIN. — Pour le rapprochement?

SIMON. — Eh! bien, moi qui n'aime ni la foule, ni la poussière que soulève un troupeau, je préfère ce parc admirable, où l'on est si bien.

LE MARQUIS. — Et où je vais vous faire servir à goûter.

RENÉE. — Il pense à tout!

LE MARQUIS. — Ces demoiselles vont nous organiser ça... Il y a tout ce qu'il faut dans la voiture. Le cocher vous aidera.

MARION. — Chic! on goûtera sur l'herbe!

Renée, Marion et Mademoiselle Lepetit sortent.

Scène II

LE MARQUIS, JALIN, SIMON

SIMON. — Elles sont gentilles!

LE MARQUIS. — Oui. Agréables.

SIMON. — Mademoiselle Lepetit... Si j'étais auteur, moi, et qu'elle me demandât un rôle...

JALIN. — Vous vous empresseriez de ne pas le lui confier. Elle n'a aucun talent.

SIMON. — Dites qu'elle en a plus d'un.

JALIN. — Enfin, elle n'a pas celui que réclamera ma nouvelle pièce... une pièce exaltant l'idée de devoir et de sacrifice.

SIMON. — Naturellement.

JALIN. — Pourquoi... naturellement?

SIMON. — Parce que vous avez le flair... Vous sentez très bien ce que le public va demander pendant quelques années: des sentiments élevés, de l'héroïsme dans le recueillement. La note à payer est salée... Vous allez dorer la pilule, pour la rendre moins amère.

JALIN. — Si vous jugez que c'est ma spécialité... Et la vôtre? Qu'est-ce que vous allez lui placer, vous, au consommateur?

SIMON. — Oh! ce qui lui convient sous n'importe quel régime. Si, bon gré mal gré, Thiers, vainqueur, maintient la République..., une République conservatrice, bien entendu, je crois même que les beaux jours reviendront vite. La bourgeoisie parvenue et régnante ne voudra pas qu'on dise qu'elle voit moins grand que les gens de votre monde, monsieur le marquis. On a flétri le luxe impérial...: je présume qu'on vous fera payer, avant dix ans, la moindre toilette de ces demoiselles le prix que n'a jamais mis l'impératrice à ses robes de cour!

LE MARQUIS. — Si c'est une République d'affaires que vous voyez poindre, mon petit Simon, la Gueuse mérite bien son nom!

SIMON. — Erreur, monsieur le marquis! Elle a toujours perdu ce nom-là, sitôt qu'elle est montée dans les carrosses du roi.

Scène III

LES MÊMES, RENÉE, MARION, Mlle LEPETIT

Elles apportent une table sur laquelle est servi le goûter.

MARION. — A table!

RENÉE. — Aidez-nous, Simon.

Mlle LEPETIT. — Il n'a même pas oublié le champagne!

MARION. — C'est déjà un peu la vie parisienne qui reprend.

RENÉE. — Faites-nous sauter le bouchon, Jalin...

LE MARQUIS. — Et souhaitons, mes enfants, que cette détonation-là soit suivie de beaucoup d'autres!

JALIN. — A la santé de nos libérateurs!

SIMON. — A la prospérité générale!

MADEMOISELLE LEPETIT, modestement. — A... la Comédie-Française!

JALIN. — Ça n'engage pas.

LE MARQUIS. — A la France régénérée!

Scène IV

LES MÊMES, UN JARDINIER, puis ANTONINE

LE JARDINIER, au marquis. — Il y a à la grille du parc, monsieur le marquis, une femme qui demande si Mlle de Maurois est ici?

RENÉE. — Moi ?

LE MARQUIS. — On va répondre que vous n'êtes pas là.

LE JARDINIER. — Cette femme dit qu'elle vient de chez mademoiselle, rue Caumartin.

RENÉE. — Zut ! C'est pour m'apprendre que je suis sinistrée !

Mme LEPETIT. — Ah ! ma chérie !...

RENÉE. — Vous l'apercevez, cette femme, Simon ?

SIMON. — Oui. Elle regarde par ici.

RENÉE. — Appelez-la... Je n'ai vraiment pas de chance !

LE MARQUIS. — Ne vous tourmentez donc pas. D'Anthenay arrangera ça... Le changement de gouvernement ne lui enlève rien de son influence.

RENÉE. — Vous croyez ça !...

JALIN. — Mais oui. La France est une trop bonne maison, pour ne pas garder le même personnel, sous n'importe quelle raison sociale.

Scène V

LES MÊMES, ANTONINE

RENÉE. — Par ici, madame... Approchez... C'est à moi que...

ANTONINE. — Oui, mademoiselle.

RENÉE. — Mais je vous connais... Où vous ai-je vue ?

ANTONINE. — Chez mon père... M. Mulard, ébéniste au faubourg Saint-Antoine... pendant le siège.

RENÉE. — Ah ! oui... Et vous venez de chez moi, rue Caumartin ?

ANTONINE. — Oui... Je me suis permis...

RENÉE. — Il ne reste plus que les quatre murs de mon appartement, n'est-ce pas ?

ANTONINE. — Mais non. Hier en tout cas, je n'ai rien vu qui puisse vous causer des inquiétudes.

RENÉE, avec soulagement. — Ah !

ANTONINE. — Autrement le concierge m'aurait dit, en me donnant votre adresse...

RENÉE. — Ah ! c'est le concierge...

ANTONINE. — Qui m'a dit que je vous trouverais à l'hôtel des Réservoirs, à Versailles... Comment j'ai réussi à sortir de Paris... je passe ! J'ai couru toute la nuit, pour apprendre, en arrivant à cet hôtel, que vous étiez ici... Je suis repartie, car il n'y a pas une minute à perdre, et me voilà ! Je suis dehors, comme ça, depuis vingt-quatre heures.

RENÉE. — Pauvre petite ! A quoi puis-je vous être utile ?...

Elle descend sur la route.

ANTONINE. — Vous m'avez dit, le jour où vous êtes venue à la maison, de m'adresser à vous si j'étais dans l'embarras. Eh ! bien, j'y suis... et pas seulement dans l'embarras... dans le pétrin, jusque-là !

RENÉE. — Je devine... votre père...

ANTONINE. — Papa, oui, d'abord. Il a été pris à Neuilly, où il faisait une inspection. Alors, tout de suite, j'ai pensé à vous, aux relations que vous avez...

RENÉE. — Elles sont impuissantes à...

ANTONINE. — Oh ! ce que femme veut ! J'ai voulu pour vous voir... aller à Versailles... C'était difficile... et je suis là... Je ne demande pas qu'on relâche papa... Je sais que, ça, c'est impossible, mais qu'on ne le fusille pas sans jugement au moins. Il n'a pas fait de mal, je vous jure. Il ne s'est même pas battu... et les incendies de cette nuit, c'est pas lui qui les a allumés, puisqu'il était déjà arrêté !

RENÉE. — Je vous crois, mais ça ne me donne pas le moyen...

ANTONINE. — Enfin, c'est pas tout. Si vous en sauvez un, vous pouvez aussi bien en sauver deux... J'ai mon fiancé qui a été pris aussi... mais, lui, les armes à la main, à la barricade Clichy.

RENÉE. — C'est plus grave...

ANTONINE. — Oh ! je ne sais pas. Du moment qu'on ne l'a pas fusillé tout de suite, il y a encore de la ressource... Il s'appelle Charles Bécherel... Vous retiendrez le nom ? Charles Bécherel. C'est pas un mauvais garçon... Il a la tête vive... Mais il n'a rien à se reprocher... de vilain... Alors, je vous en prie, ce que vous ferez pour papa, faites-le aussi pour Charles... Charles Bécherel... Tenez, j'ai écrit le nom pour être sûre...

Elle a une défaillance.

RENÉE. — Qu'est-ce que vous avez ?

ANTONINE. — Je n'ai rien pris depuis vingt-quatre heures... une faiblesse... rien du tout.

Elle s'appuie contre le mur.

RENÉE. — Jalin... Simon... quelque chose à boire, n'importe quoi ?

Simon saute sur la route, Jalin lui passe un verre ; Renée fait boire Antonine.

ANTONINE. — Ce qu'il faut, vous comprenez, c'est faire envoyer papa et Charles le plus tôt possible à Versailles... enfin, qu'ils ne restent pas davantage à Paris, où les soldats et les chefs sont excités et fusillent à tort et à travers...

RENÉE. — Oui, oui, ne parlez pas... Remettez-vous...

LE MARQUIS. — Je vais la faire conduire à l'office et donner des ordres.

ANTONINE. — Non, merci... Maintenant que je vous ai parlé, j'aurai la force de retourner attendre à Versailles le résultat des démarches que vous allez faire immédiatement.

RENÉE. — Immédiatement...

ANTONINE. — Oui. Soyez bonne. S'il y avait eu un seul moment à perdre, est-ce que je serais ici ?...

SIMON. — On ne peut pas la laisser repartir, défaite comme elle est.

RENÉE, cherchant. — C'est que je ne vois pas du tout...

JALIN. — D'Anthenay ?

RENÉE. — J'y pensais. Je veux bien essayer... quoique... (A Antonine.) Écoutez... Il vaut peut-être mieux que vous rentriez à Paris...; mais après vous être reposée...

ANTONINE, se relevant. — Je ne suis plus lasse.

RENÉE. — Si. Je n'ose vous donner une lueur d'espoir... Cependant, j'attends ici, vers quatre heures, une personne dont l'intervention peut être d'un grand secours.

ANTONINE. — Merci.

RENÉE. — De cette façon, vous ne vous en irez pas sans emporter une réponse... qui sera, mon Dieu, ce qu'elle sera. La plus belle fille du monde ne peut promettre...

ANTONINE. — Oh ! quand la plus belle est aussi la meilleure, il y a des chances pour qu'elle obtienne ce qu'elle demande.

RENÉE. — Venez avec moi...

LE MARQUIS. — Vous aimez mieux faire le tour ?

RENÉE. — Oui.

LE MARQUIS. — On va vous ouvrir la grille.

Elles longent le mur dans la direction du fond.

Scène VI

SIMON, JALIN, LE MARQUIS, MARION,
Mlle LEPETIT

SIMON. — C'est chic ce qu'elle fait là, Renée.

MARION. — Moi, je trouve qu'elle a de la bonté de reste.

Mlle LEPETIT. — Au fond, elle n'est pas fâchée de montrer qu'elle connaît un homme influent.

LE MARQUIS. — Le colonel d'Anthenay est si influent que ça?

JALIN. — Les militaires ont le privilège de retrouver du prestige dans la captivité... Faites vos jeux, on recommence!

MARION. — Oui, faut pas que ça nous coupe l'appétit.

Mlle LEPETIT. — Si nous rentrions à Versailles par les bois de Ville-d'Avray?

LE MARQUIS. — Je n'y vois pas d'inconvénients. La promenade est belle. Mais nous avons promis à d'Anthenay de l'attendre jusqu'à cinq heures.

Mlle LEPETIT. — Et le temps, ensuite, que cette femme lui raconte son histoire de voleurs... nous ne sommes pas partis! Qu'est-ce qu'on va faire jusque-là?

JALIN. — On pourrait jouer à cache-cache... ou aux quatre coins.

Mlle LEPETIT. — Dieu! que vous êtes spirituel aujourd'hui, Jalin!

MARION, regardant par-dessus le mur. — Qu'est-ce que c'est? Des soldats!

Mlle LEPETIT. — Qui viennent par ici?

MARION. — Oui, ils montent le raidillon.

RENÉE. — Bravo! On va les fêter!

JALIN. — Des fleurs!

SIMON. — Toutes les fleurs!

MARION. — Reste-t-il des gâteaux?...

LE MARQUIS. — Ah! je n'avais pas prévu...

MARION et Mlle LEPETIT, battant des mains et jetant des fleurs. — Bravo les soldats!

Scène VII

LES MÊMES; derrière le mur, un lieutenant, un sergent, un caporal et des soldats accompagnent une vingtaine de prisonniers, jeunes et vieux parmi lesquels Mulard, Charles et quatre femmes; mais on ne voit, d'abord, que la tête du convoi, qui, au commandement du lieutenant, s'arrête au haut du raidillon, avant d'avoir atteint la brèche.

LE LIEUTENANT. — Halte!... Repos de dix minutes... On ne s'arrêtera plus, après, qu'à Versailles.

LE MARQUIS. — Mais oui, c'est Adolphe! Je l'avais reconnu à sa voix. Bonjour, Laguépie...

LE LIEUTENANT. — Vous? Ici?

LE MARQUIS. — Vous y êtes bien!

LE LIEUTENANT. — Service commandé. Je conduis à Versailles ce... troupeau...

LE MARQUIS. — Donnez-nous des nouvelles. Bonnes? Mauvaises?

LE LIEUTENANT. — Bonnes et mauvaises... L'armée s'avance dans Paris. Hier soir, elle occupait Montmartre, le nouvel Opéra et la gare du Nord, sur la rive droite; Montrouge et une partie du faubourg Saint-Germain, sur la rive gauche. Mais les bougres se défendent, et vous savez quelles ruines ils ont déjà laissées derrière eux.

LE MARQUIS. — Vous allez vous rafraîchir. Vous en avez besoin.

LE LIEUTENANT. — Je ne sais pas s'il est bien correct.

LE MARQUIS. — Oh! il ne l'est pas davantage de vous faire les honneurs de ma propriété... par la brèche!... Mais un militaire... Entrez donc... Je vais vous présenter à ces dames...

Le lieutenant entre dans le parc.

PREMIER FÉDÉRÉ. — Y a la goutte à boire, mais pas pour nous!

LE SERGENT. — Silence!

UNE FEMME. — On se contenterait d'un peu d'eau.

TROISIÈME FÉDÉRÉ. — C'est encore loin, Versailles?

DEUXIÈME FÉDÉRÉ. — Ne regrette pas la longueur du voyage... Tu serais plus à plaindre si on te l'abrégeait...

Mlle LEPETIT, regardant par-dessus le mur. — Sont-ils vilains?

PREMIER FÉDÉRÉ. — Taisons-nous. On est des bêtes curieuses.

DEUXIÈME FÉDÉRÉ. — Toutes ces dames au balcon!

TROISIÈME FÉDÉRÉ. — Le parc aux biches!

MARION, par-dessus le mur. — Assassins! Bêtes fauves!

Mlle LEPETIT, de même. — Cochons! Pétroleuses!

MULARD, levant la tête. — Salope!

Mlle LEPETIT. — Qu'est-ce qu'il a dit?

LE SERGENT. — Il n'a rien dit.

MARION. — Ah! c'est un peu fort! Moi aussi, j'ai entendu... Eh! bien, vous allez voir si ça se passera comme ça... (Elle va se plaindre au lieutenant dans le parc.)

MULARD, au sergent. — Il faut ça... pour faire comprendre qu'on est encore mieux de ce côté-ci du mur... que de l'autre côté.

LE SERGENT. — C'est bon. N'y revenez pas.

LE LIEUTENANT, à Marion. — Lequel est-ce?

MARION, désignant Mulard. — Ce vieux-là... oui...

LE LIEUTENANT, revenant sur le chemin. — Comment t'appelles-tu?... (Il ne répond pas.) Comment vous appelez-vous?

MULARD. — Mulard. Membre de la Commune.

LE LIEUTENANT. — Moins d'arrogance. Vous forcez la note.

MULARD. — C'est exprès. On dirait, sans ça, que nous mourons lâchement.

LE LIEUTENANT, montrant Paris. — Regardez votre ouvrage, et vous serez moins fier.

MULARD. — Regardez ceux que vous avez vaincus... des Français, et vous serez moins fier de votre victoire!

LE LIEUTENANT. — La guerre civile, c'est vous qui l'avez voulue, et devant l'ennemi.

MULARD. — Oui, mais nous ne l'aurions jamais déclarée, si vous n'aviez pas déclaré la paix.

LE LIEUTENANT. — Assez!

MULARD. — Je ne demande pas mieux.

Scène VIII

LES MÊMES, D'ANTHENAY, à cheval, venant du côté opposé à celui par où le convoi est arrivé.

D'ANTHENAY. — C'est vous qui commandez ce détachement?

LE LIEUTENANT. — Oui, mon colonel.

D'ANTHENAY. — Je ne pensais pas vous rencontrer si près de Versailles. Vous avez bien marché.

LE LIEUTENANT. — On a bien marché... C'est pourquoi j'ai accordé cette pause.

D'ANTHENAY. — Combien d'hommes?

LE LIEUTENANT. — Vingt.

D'ANTHENAY. — Et de femmes?

LE LIEUTENANT. — Quatre.

D'Anthenay. — Du gros gibier?

Le Lieutenant. — Un membre de la Commune. (Désignant Mulard, assis, tête baissée.) Celui-là.

D'Anthenay. — Bon. (A un soldat:) Tenez mon cheval... (Au lieutenant:) J'ai des instructions à vous remettre... Suivez-moi deux minutes... un peu plus loin... Vous avez la liste des prisonniers?

Il est descendu de son cheval.

Le Lieutenant. — La voici, mon colonel. Mais on ne peut guère s'y fier...; tous ces gaillards-là n'ont pas donné leur vrai nom...

D'Anthenay. — Nous allons voir... Venez.

Ils s'éloignent vers le fond.

Marion, à Mme Lepetit. — Je t'assure... c'est le colonel d'Anthenay... Je l'ai assez vu avec Renée pour le reconnaître.

Mademoiselle Lepetit. — Si c'est lui, il n'y a qu'à prévenir cette fille: elle essaiera de l'enjôler elle-même.

Marion. — C'est une idée... (Elles quittent le mur.)

Le Sergent. — Voilà une rencontre dont on se serait bien passé.

Le Caporal. — Oui. Pour qui la corvée? Pour vous... ou pour moi?...

Le Sergent. — Parlez-moi de la bataille...; mais ça... Ah!

Geste de dégoût. Tandis qu'ils continuent à causer, Charles s'est glissé auprès de Mulard.

Charles. — Père.

Mulard. — Quoi?

Charles. — Ça ne vous semble pas louche, cette conversation entre eux... là-bas? Qu'est-ce qu'ils peuvent avoir à se dire?

Mulard. — Ça t'intéresse, toi?

Charles. — Dame! Peut-être...

Mulard. — Alors, tu le sauras toujours assez tôt.

Charles. — J'aimerais mieux le savoir tout de suite.

Mulard. — T'as peur?

Charles. — Oh! peur... Vous me connaissez... vous savez que je ne suis pas un poltron... Je l'ai prouvé à Bazeilles... et hier encore, à Clichy, je ne me suis pas trop mal conduit. Pour ça, je crois que vous ne me refuserez pas votre estime.

Mulard. — Non.

Charles. — Eh! bien... ce que j'éprouve est incompréhensible... Oui, j'ai peur.

Mulard. — Parce que deux officiers sont là... qui causent?

Charles. — Non. J'ai eu peur avant... J'ai eu peur quand l'autre a ordonné la pause..., quand on s'est arrêté... Un pressentiment que vous repartiriez sans moi... Dans l'instant même, la sueur s'est refroidie sur mon corps. Je suis glacé... J'ai des frissons...

Mulard. — Un malaise... la fatigue...

Charles. — Non, non, voyez, je tremble; c'est bête...

Mulard. — Eh! bien, moi, je te dis que si le sort de quelqu'un se décide en ce moment, c'est mon sort... Je ne leur ai pas mâché ma qualité de membre de la Commune; tandis qu'ils ne savent même pas ton nom.

Charles. — Vous trouvez que je n'aurais pas dû le cacher... mais j'avais une raison... j'ai des torts à réparer envers Antonine, envers vous... J'ai promis de les réparer... Alors, quand ils ont voulu établir mon identité, j'ai pensé que j'étais déserteur, qu'ils ne pardonneraient pas ça...; et j'ai donné un faux

nom, pour me ménager une chance de salut... J'ai mal fait?

Mulard. — Je n'ai pas dit ça... Ce que la conscience nous reproche, ça seulement c'est mal... Tu t'es confessé... A mon tour. J'ai été dur pour Antonine, trop dur... Si tu l'épouses, rends-la heureuse... C'est une brave fille... qui a du cœur... Et ne laissez pas la mère toute seule... Elle est malade... Toutes ces émotions... Je vais bien lui manquer... Voilà... voilà tout ce que j'avais à te dire...

Les deux hommes se serrent la main en détournant la tête pour se dissimuler leur trouble.

D'Anthenay, redescendant. — Mulard.

Mulard. — C'est moi.

D'Anthenay. — Je ne vous aurais pas reconnu... C'est bien vous qui veniez rue Caumartin?

Mulard. — Oui.

D'Anthenay. — Je ne m'attendais pas à vous retrouver ici.

Mulard. — Je ne m'attendais pas non plus à ce que vous prendriez votre revanche sur nous.

D'Anthenay. — Vous nous y avez obligés.

Mulard. — Si c'est pour ça que vous êtes revenu de captivité, il eût peut-être été plus héroïque de mourir à Sedan.

D'Anthenay, passant. — Où est l'autre homme?

Le Lieutenant, désignant Charles. — Le voici. Il nie avoir déserté; mais les godillots et le chassepot qu'il portait encore, lorsqu'on l'a pris, l'ont trahi.

D'Anthenay. — C'est le seul du convoi?

Le Lieutenant. — Oui.

D'Anthenay. — Vous vous appelez **réellement** Jacques Dupont?

Charles. — Non. Charles Bécherel.

D'Anthenay. — Vous appartenez à l'armée **régulière**?

Charles. — Non. A la Commune, depuis le 18 mars.

D'Anthenay. — Mais auparavant?

Charles. — Au 88e de ligne.

D'Anthenay. — Bref, vous êtes déserteur.

Charles. — Oui.

D'Anthenay. — Pourquoi avez-vous fait ça?

Charles. — Pour voir si l'on capitule sous le drapeau rouge, comme sous le vôtre.

D'Anthenay. — Eh! bien, vous êtes fixé. maintenant.

Charles. — Oui... On ne capitule pas.

D'Anthenay, au lieutenant. — Exécutez les ordres...

Charles, à Mulard. — C'est à croire que j'avais besoin de ça pour me remettre! Embrassez Antonine... quand vous la reverrez, père, et dites-lui qu'elle n'aura pas été la femme d'un lâche.

Mulard. — Si ce n'est pas moi... d'autres le lui diront... (Ils s'embrassent.)

D'Anthenay, à Mulard. — Vous le connaissez donc?

Mulard. — C'est mon fils.

Quatre hommes, que le caporal commande, entraînent Charles.

Scène IX

Les mêmes, ANTONINE venant à leur rencontre.

Antonine. — Charles!

Charles, il s'arrête une seconde, regarde Antonine et dit aux soldats. — Allons!... allons!...

Antonine. — Où vas-tu?

Charles. — Tu le vois bien... Ils me remmènent à Paris...

Antonine. — Alors, j'y retourne avec toi... (Des

soldats l'empêchent de suivre le peloton qui disparait.) Voyons, vous ne pouvez pas m'empêcher... C'est vous qui commandez, monsieur: c'est vous le colonel d'Anthenay... Ah! tant mieux... Dites-leur de me laisser passer... Il y a là, au château, une dame qui vous expliquera... Elle sait... Je suis la femme de Charles... Il paraît que vous êtes puissant à Versailles... Et puis, vous avez connu papa... M. Mulard, l'ébéniste qui travaillait pour vous... je veux dire pour votre amie... C'est un honnête homme... on ne peut pas dire le contraire... Vous m'aiderez à le sauver aussi...

MULARD. — Tais-toi, petite... Ne t'abaisse pas à implorer pour moi!

ANTONINE. — Toi?... Avec Charles?... Alors, tu vas me dire... tu ne mentiras pas, toi... C'est vrai qu'ils le reconduisent à Paris?... Pourquoi faire?

On entend un feu de peloton; tous les prisonniers se lèvent, se tournant du côté où est allé Charles, et se découvrent.

ANTONINE, poussant un grand cri. — Ah!

D'ANTHENAY, au lieutenant avec un mouvement d'impatience. — Eh! bien, qu'est-ce que vous attendez pour partir?

LE LIEUTENANT. — En avant!

Murmures dans le convoi.

LE SERGENT. — Silence!

ANTONINE, allant vers son père, qui est à la fin du convoi. — Papa!

MULARD, la prenant dans ses bras. — Allons... pas de faiblesse... devant eux. Tu pleureras avec ta mère.

ANTONINE. — Je ferai ce que je pourrai, je te le promets...

LE SERGENT, les séparant, doucement. — Faut suivre... monsieur.

MULARD, se dégageant de l'étreinte d'Antonine. — Voilà... voilà!...

Le convoi disparait. Antonine le suit des yeux, un moment, avec égarement, se retourne et voit revenir le caporal et les quatre hommes. Elle fait un suprême effort pour se raidir, chancelle et s'abat de tout son long. Le peloton passe et rejoint le convoi.

D'ANTHENAY. — Renée!... Renée!... (Elle apparaît à la brèche du mur.) Viens... Venez... Du monde!...

RENÉ. — Qu'est-ce qu'il y a? (Elle saute sur la route.)

D'ANTHENAY. — Je te raconterai... C'est épouvantable... Je n'y suis pour rien, je te jure...

RENÉE. — La petite... Ils ne l'ont pas tuée, au moins?

D'ANTHENAY. — Oh!... Elle est évanouie seulement.

RENÉE. — Jalin!... Simon; venez nous aider... (Jalin, Simon, le marquis et les deux femmes franchissent la brèche et viennent sur la route, autour d'Antonine. Renée, agenouillée devant elle, lui soulève la tête et lui fait respirer des sels que lui a donnés Marion.) Oui, je crois que ça ne sera rien...

LE MARQUIS, à d'Anthenay. — Qu'est-il donc arrivé?

D'ANTHENAY. — Une chose imprévue... affreuse... On a exécuté... presque devant elle, l'homme qu'elle voulait sauver...

Mⁱˡᵉ LEPETIT. — On n'a pas idée, aussi, de prendre son amant parmi ces gens-là!

RENÉE, à d'Anthenay. — Enfin, tu étais là... et tu n'as pas pu empêcher ça?

D'ANTHENAY. — J'avais des ordres formels...

SIMON, à Jalin. — Il y en a à qui ça coûte cher d'être vaincus!

JALIN. — Tout se paie.

SIMON. — Il y a le prix.

RENÉE. — Ah! la voilà qui revient à elle...

ANTONINE, les regardant tous. — Eh! bien, qu'est-ce que vous faites là, tous?

RENÉE. — Vous êtes tombée... on vous relève... on vous soigne...

ANTONINE. — Je suis tombée? où ça?

RENÉE. — Là... sur la route...

ANTONINE. — Voyons... que je me rappelle... (Elle les écarte.) Laissez-moi... Non, non... ça va. Un mur... l'officier... Ah! j'y suis!... C'est contre ce mur-là que vous l'avez fait fusiller, n'est-ce pas? Je veux le voir!

D'ANTHENAY. — Non... ça n'est pas là...

ANTONINE. — Où, alors? Je veux le voir, je vous dis? Où est-il? Où l'avez-vous abandonné... comme un chien crevé? Vous le savez bien, vous qui lui avez fait trouer la peau!

RENÉE. — Non, c'est pas de sa faute...

ANTONINE. — Allons donc! Je ne suis pas folle... Je comprends tout maintenant... c'était arrangé entre vous deux... Vous me reteniez là-bas, vous, pendant qu'il faisait sa sale besogne!... Quand je serais arrivée, ni vu ni connu... le coup était fait...

LE MARQUIS, à mi-voix. — Venez, d'Anthenay... ça vaut mieux.

ANTONINE, voyant son mouvement de retraite. — Ah! non, c'est trop commode... Donnez-vous donc la peine d'entrer... Pas avant de m'avoir répondu en tout cas? Où est-il, bandit? Conduis-moi... C'est bien le moins...

RENÉE. — Je vous répète qu'il n'y est pour rien.

ANTONINE. — Pour rien? C'est toi qui le dis! Vous êtes de mèche: l'aigle et la grue!

MARION, à Renée. — Voilà la récompense de tes gentillesses...

ANTONINE. — La récompense! De quoi vous plaignez-vous? Je vous ai fait passer un bon moment. C'est drôle une femme qu'on amuse, pendant qu'on lui tue son homme en douceur!... (A mesure qu'elle s'exalte, les autres élargissent le cercle autour d'elle et se rapprochent de la brèche par laquelle successivement ils vont disparaître.) C'est tout ce que vous trouvez à répondre? Vous vous défilez... le colonel en tête... L'habitude!

RENÉE. — Il ne peut pas vous répondre, lui, mais, moi, je peux vous affirmer que vous n'êtes pas juste.

ANTONINE. — Pas juste! (Elle éclate de rire.) Ah! vous pouvez parler de justice, ça vous va comme le prix de vertu à une catin!

Mⁱˡᵉ LEPETIT. — Laissons-la: elle déraisonne.

JALIN. — D'autant plus que le soir tombe; nous aurons juste le temps de rentrer.

LE MARQUIS. — Je vais faire atteler...

ANTONINE. — Allez-vous-en tous... tant que vous êtes! Je vous ai assez vus... Et ne craignez rien pour vos amants...; on ne vous les tuera pas... Ils se tueront tout seuls. Bonsoir, les gens de la noce!... (Ils ont tous disparu: elle reste seule, sur la route, devant la brèche, dans le soir qui tombe.) Je le chercherai bien toute seule... avant qu'il fasse tout à fait nuit... Ah! le mur... Je n'ai qu'à suivre le mur... (A ce moment, dans la direction de Paris, le ciel s'embrase.) Qu'est-ce que c'est? Non, pas possible!... Paris qui recommence à brûler... Tout se paie... J'ai entendu ça... Pour sûr! Charles est déjà vengé... Hardi les pétroleuses! La lampe baisse... Montez la mèche... Plus haut! Plus de lumière! Faut y voir clair sur la route comme en plein jour! A présent, je suis sûre de le retrouver... Si le père pouvait voir... Quel beau drapeau rouge déployé ça fait, là-bas!

RIDEAU

Scène VI. — Antonine : « *Père Gachette, vous vous croyez tout seul au monde et vous manquerez
à plus d'un... quand vous aurez disparu.* »

SIXIÈME TABLEAU

Une petite salle à manger dans le faubourg Saint-Martin, près de la Porte. Meubles très simples. Portraits de Mme Mulard et de Charles Bécherel ; au-dessus de la cheminée, un grand nombre de photographies épinglées. Porte d'entrée à droite ; autre porte, à gauche, donnant sur la chambre à coucher. Par la fenêtre ouverte au fond, on aperçoit le faubourg pavoisé. C'est le 14 juillet 1880.

Scène première

IRMA, FRANCŒUR

Au lever du rideau, Irma achève d'accrocher à la fenêtre trois lampions. Francœur la regarde.

IRMA, contemplant les lampions. — C'est beau comme ça ?

FRANCŒUR. — C'est du dehors qu'il faudra voir, et encore ça ne fait jamais que trois de plus parmi des milliers...

IRMA. — Ah ! on le fête le 14 juillet !

FRANCŒUR. — Dame ! C'est la première fois qu'on célèbre la République, et le faubourg Saint-Martin s'est distingué ! Riche idée qu'elle a eue, Antonia, en meublant ce petit appartement à son père pour sa rentrée en France ! Il a été bien à plaindre, le père Mulard ! Mais il n'y a pas beaucoup de proscrits auxquels on a préparé pour leur retour une réception comme celle qui l'attend.

IRMA. — Antonia a voulu que ce soit gentil. Elle a les moyens. Elle a parcouru du chemin depuis dix ans.

FRANCŒUR. — Neuf ! 1871-1880...

IRMA. — Neuf, si tu veux !

FRANCŒUR. — Le père Mulard peut être fier d'elle. Hein ? Quand il passera devant l'Ambigu et qu'il verra le nom de sa fille sur l'affiche, en lettres hautes comme ça !

IRMA. — Antonia ! Presque Antonine, quoi !

FRANCŒUR. — Oui ! Mais la comédienne d'aujourd'hui, c'est tout de même autre chose que la petite ouvrière d'il y a dix ans !

IRMA. — Neuf ! 1871-1880 !

FRANCŒUR. — Je ne l'ai pas volé !

IRMA. — Tous ceux que nous avons connus, somme toute, ont fini par se tirer d'affaire.

FRANCŒUR. — Pas tous !... Tu sais quelle peine j'ai eue à retrouver le père Gachette, et où je l'ai retrouvé ! Au fond de Neuilly, dans une maison de retraite où la protection de quelqu'un l'avait fait entrer.

IRMA. — Eh ! bien ! Mais, à son âge, c'est encore une chance !

FRANCŒUR. — Oh ! Il ne se plaint pas. C'est un bon petit vieux.

IRMA. — Pas trop changé ?

FRANCŒUR. — Lui !... Il a tout de suite compris ce que nous attendions de lui. (On sonne.) Et tu vois qu'il est exact.

Irma va ouvrir par la porte du fond.

Scène II

LES MÊMES, LE PÈRE GACHETTE

IRMA. — Entrez... Entrez, mon père Gachette.

LE PÈRE GACHETTE, en uniforme d'hospice. — Bonjour, mademoiselle !

IRMA. — Oh ! non ! hein ! Pas mademoiselle. Appelez-moi Irma tout court. C'est convenu ? Aujourd'hui on fait comme si on ne s'était pas quitté depuis des années !

LE PÈRE GACHETTE. — Il en manque tout de même quelques-uns au rendez-vous. (Il désigne le portrait de Mme Mulard.) Celle-là !

IRMA. — Oui, Mme Mulard.

LE PÈRE GACHETTE, devant le portrait de Charles. — Celui-ci !

FRANCŒUR. — Charles !

LE PÈRE GACHETTE, devant le panneau tapissé de photographies. — Et puis tous ceux-là qui en étaient... Delescluze... Varlin... Vermorel... Duval... Flourens... Tony Moilin... Y en a-t-il ?... Y en a-t-il !... Toute la famille à Mulard, quoi ! (Silence. A Francœur.) C'est toi qui les as réunis là ?

FRANCŒUR. — Oh !... Pas moi tout seul... Antonia m'a aidé... Et puis Irma... chacun a donné ce qu'il avait... On a pêché le reste dans les albums de photographies... les journaux...

LE PÈRE GACHETTE, hésitant. — Il y a bien encore quelque chose... Non !... Ça ne serait peut-être pas à sa place...

FRANCŒUR. — Quoi ?

IRMA. — Donnez ! (Le père Gachette tire délicatement d'un vieux portefeuille une petite photographie qu'il tend à Irma.) Comment, pas à sa place ! Le portrait d'Antonine enfant !

LE PÈRE GACHETTE. — Oui... A l'âge qu'elle avait quand je la conduisais à l'école !

IRMA. — Pas à sa place !... Mais à la place d'honneur, père Gachette ! Sur la cheminée !

Elle place la petite photographie sur la cheminée.

LE PÈRE GACHETTE. — Si vous croyez !...

FRANCŒUR. — Trouvez-vous qu'il va être bien ici, M. Mulard ?

LE PÈRE GACHETTE. — Il va être chez lui... Il l'a bien mérité... Condamné à la déportation pour avoir fait...

FRANCŒUR. — La République !

LE PÈRE GACHETTE. — Ben ! C'est encore joli qu'il la retrouve !

FRANCŒUR. — C'est drôle ! J'ai déjà eu cette impression-là quand je suis revenu, il y a un an, après la première amnistie !

IRMA. — T'es moins à plaindre que M. Mulard. Tu t'es déporté toi-même en Russie, où tu as su te faire apprécier comme écuyer chez un grand-duc.

FRANCŒUR. — Il n'y a pas qu'en France qu'on aime les chevaux ! Mais huit ans d'exil, c'est tout de même dur à tirer ! Au plaisir de ne jamais les revoir !

IRMA. — Dis donc ! Tu me parais oublier l'heure du train !

FRANCŒUR. — Oh ! la gare n'est pas loin !

IRMA. — Ça ne fait rien ! File ! Il est temps !

FRANCŒUR. — A tout à l'heure.

Il sort.

Scène III

LE PERE GACHETTE, IRMA

IRMA. — C'est pas tout ça, père Gachette. L'heure s'avance. La matinée de l'Ambigu doit être finie. Antonine sera ici d'un moment à l'autre. Entrez là ! (Elle lui ouvre la porte du premier plan à gauche.) C'est la chambre de M. Mulard. Vous y trouverez tout ce qu'il vous faut pour la surprise que nous voulons

faire à Antonine. On laisse le reste à votre inspiration.

LE PÈRE GACHETTE. — C'est que je n'en ai pas beaucoup, d'inspiration.

IRMA. — Si vous étiez une femme, voulez-vous savoir comment je vous appellerais ? Vieille coquette !... Allez ! J'entends Antonine.

Le père Gachette sort.

Scène IV

IRMA, ANTONINE

ANTONINE, entrant par l'autre porte. — Ah ! J'ai cru que ça n'en finirait pas ! Et des rappels ! Et des bouquets ! Je n'ai jamais vu un enthousiasme pareil !... J'ai dû leur chanter deux fois la *Marseillaise* !

IRMA. — Qu'est-ce qu'on disait que tu n'aurais pas le temps d'être à la gare pour l'arrivée du train !

ANTONINE. — Ton frère est parti ?

IRMA. — Oui... Oui... Pourquoi n'as-tu pas voulu que je fasse à dîner ici, pour ce soir ?

ANTONINE. — Parce que je préfère emmener papa chez moi, quand il aura vu le petit coin que je lui ai préparé au cœur de son vieux Paris.

IRMA. — Et puis, à deux pas de ton théâtre !

ANTONINE. — Justement ! Je le verrai tous les jours en y allant. Nous avons du temps perdu à rattraper. Six mois qu'on attendait cette amnistie complète ! Six mois que ce petit appartement est prêt à le recevoir !

IRMA. — Oh ! bien, ça t'a permis d'y mettre bien des petites choses auxquelles on n'avait pas tout de suite pensé.

ANTONINE. — Certainement... Je crois n'avoir rien oublié... Il retrouvera ici les images de tous ceux qu'il a aimés... les images seulement, hélas !... J'aurais voulu quelque chose de plus... quelque chose de vivant... qui lui tienne compagnie quand je ne serai pas là... Car je n'y serai pas toujours !

IRMA. — Je comprends ! Mais quoi ?

On entend dans la chambre de Mulard le violon qui joue le refrain du *Chemin du Moulin*.

ANTONINE regarde la porte, puis Irma, qui détourne la tête. — Qui est là ?

IRMA, ouvrant la porte. — Venez, père Gachette, — homme sans inspiration !

Scène V

LES MÊMES, LE PERE GACHETTE

ANTONINE. — Vous, père Gachette, c'est vous !

LE PÈRE GACHETTE, le violon à la main. — Tu as donc reconnu la chanson ?

ANTONINE. — Oh ! l'air, la chanson, le musicien ! Venez m'embrasser. (Le père Gachette l'embrasse.) Mais il fallait attendre un peu pour jouer ça !

LE PÈRE GACHETTE. — Je recommencerai...

ANTONINE. — Quelle jolie surprise ! Et les braves cœurs que vous êtes tous les deux... tous les trois ! Car je n'ai pas besoin de demander si Francœur était du complot ! C'est certainement du jour où j'ai tant regretté de ne pas savoir ce que vous étiez devenu, qu'il s'est mis à votre recherche !

IRMA. — Il a vu que ça te ferait plaisir.

Elle sort par la porte du fond.

Scène VI

ANTONINE, LE PÈRE GACHETTE

Le Père Gachette. — Alors, vrai, tu pensais à moi?...

Antonine. — Oui! En vous trouvant impardonnable, si vous existiez encore, de ne pas me donner signe de vie.

Le Père Gachette. — Oh! ben! Tu sais... Il ne faut pas m'en vouloir!... Je n'osais plus... après ce que j'avais accepté d'une personne qui...

Antonine. — Quelle personne? Qu'est-ce que vous avez accepté?

Le Père Gachette. — C'est M. Raymond qui m'a fait entrer dans la maison de retraite...

Antonine. — Quand donc?

Le Père Gachette. — Ben... pas longtemps après la Commune...

Antonine. — Ah!

Le Père Gachette. — On est faible quand on devient vieux... Alors..., après ce qui s'était passé entre vous... tu comprends... ça me gênait.

Antonine. — Ah! Il a fait ça... Et je n'en ai rien su!... Et je ne l'ai jamais revu!... Vous avez quelquefois de ses nouvelles?

Le Père Gachette. — Il est marié... Il a des enfants... Une belle clientèle... C'est tout ce que je sais... Il vient, une ou deux fois par an, me rendre visite... C'est gentil de ne pas m'oublier... Car enfin..., rien ne l'y oblige... On n'a pas grand'chose à se dire...

Antonine. — Alors de quoi parlez-vous?

Le Père Gachette. — De rien... Si je te disais... Il entre... Il s'assoit... Il me demande de jouer ce que j'ai joué tout à l'heure... et puis il s'en va... Je crois que c'est des jours où il s'ennuie...

Antonine. — Et quand l'avez-vous vu pour la dernière fois?

Le Père Gachette. — Oh! je me souviens... Il y a... il y a quatre mois... Je ne peux pas me tromper sur la date... C'est un anniversaire... Le 18 mars!

Antonine. — Un anniversaire! (Silence.)

Le Père Gachette. — Ça ne vous a pas contrariée, ce que je viens de vous dire? A quoi pensez-vous?

Antonine. — Je pense, père Gachette, que vous vous croyez tout seul au monde, et que vous manquerez à plus d'un... quand vous aurez disparu!...

Scène VII

LES MÊMES, IRMA

Irma, entrant brusquement. — Les voilà! Les voilà!

Antonine, courant à la porte du fond. — Descendons!

Le Père Gachette, suivant péniblement. — Ah! tu as de la chance, de pouvoir courir!

SEPTIÈME TABLEAU

Le boulevard, devant la porte Saint-Martin, dont l'arc permet d'apercevoir le faubourg pavoisé et illuminé A gauche, sur une estrade, un orchestre de bal public achève de jouer la polka de Fahrbach : Tout à la joie, *que la foule danse.*

Scène première

BARSAC, en uniforme de gardien de la paix, DANSEURS

Barsac, doucement. — Allons, faites de la place... faites de la place...

Premier Danseur. — Pour qui? La circulation des voitures est interdite.

Barsac. — Pas pour celle-là.

Deuxième Danseur. — Y a un prince dedans?

Barsac. — Mieux que ça : un déporté qui rentre!

Une Danseuse. — Quoi qu'il avait fait pour sortir?

Barsac. — Il a été de la Commune... Mais ça ne signifie rien.

La Danseuse. — Pour moi, oui... mais pour lui...

Barsac. — Le plus intéressant, en effet, c'est pas ça... Si vous saviez le nom de sa fille, à ce déporté-là...

Premier Danseur. — Dites-nous le nom de son père... C'est la même chose.

Barsac. — Non. Elle s'appelle Antonia... Antonia... de l'Ambigu... la grande comédienne... et tenez, la preuve que je dis vrai, c'est que la voilà qui vient au devant de son père. Allons, circulez, circulez...

Scène II

LES MÊMES, ANTONIA, LE PÈRE GACHETTE, IRMA, puis LE PÈRE MULARD, dans un fiacre, avec FRANCŒUR.

La foule, après s'être écartée pour laisser passer la voiture, l'entoure et acclame Antonia: Vive Antonia! Vive Antonia!

Antonine. — Non. Si vous voulez me faire plaisir, mes amis, criez: « Vive Mulard! »

Cris. — Vive Mulard!

Antonine, dans les bras de son père. — Papa!

Mulard. — Ma petite!... Et le père Gachette!... Et Irma!...

Irma, montant sur le marchepied pour embrasser Mulard. — Vous ne m'en voulez plus, monsieur Mulard?

Barsac, bas à Francœur, qui est descendu de voiture. — Rapelle-lui mon nom...

Francœur. — Moi... je ne vous connais pas...

Barsac. — Barsac... Ça t'étonne de me voir dans la force publique... Mais c'est pas la même que sous l'Empire... Faut pas confondre sergent de ville avec gardien de la paix.

Francœur, embarrassé. — Ça ne fait rien... Attends un peu... On aura l'occasion de se revoir...

Voix dans la foule. — Parlez!... Parlez!...

Francœur, à Mulard. — Allons, puisqu'ils le veulent... parlez au peuple, monsieur Mulard... Montrez-leur que vous n'en avez pas perdu l'habitude...

MULARD. — Mais... c'est que je l'ai perdue, au contraire.

FRANCŒUR. — Alors, retrouvez-la!

CRIS. — Vive Mulard! Chut! Silence!... Ecoutez!...

MULARD, debout dans le fiacre. — Citoyens! Deux mots seulement... Votre accueil me réconforte. C'est le plus beau jour de ma vie. Je retrouve Paris et la République. Je n'espérais plus les revoir ni l'un ni l'autre. Notre vieux Paris! Nous l'avions laissé tellement affaibli par la saignée qu'on lui a faite en 71!... Mais il a réparé ses forces et le voilà debout, aujourd'hui, pour acclamer la République!... (Bravo!) Cette République-là, nous l'aimons comme notre petite fille. Elle est pétrie de notre chair et de notre sang. On s'attache d'autant plus aux enfants qu'on les a disputés à la mort. Ils peuvent nous causer des déceptions... mal tourner même... il y a toujours pour eux, au fond de notre cœur, la tendresse infinie du père et de la mère qui ont tremblé un jour de les perdre! (Vive Mulard!) Je ne demande plus maintenant qu'à vivre assez longtemps pour voir réhabiliter ceux qu'on a massacrés, déportés, et liés et jetés en prison il y a neuf ans! Aux insurgés!... dont j'étais... on a reproché, comme un crime de lèse-patrie, leur transport au cerveau. L'avenir les jugera... sans oublier que ces mauvais patriotes ont tout de même fait entendre la première protestation contre une paix humiliante! (On l'acclame. On crie: Vive la République!) A vous la parole, père Gachette.

LE PÈRE GACHETTE. — Oh! moi... à mon âge... on n'a plus grand'chose à dire... Enfin, puisque vous le voulez.

Electrisé, le vieillard déclame, plutôt qu'il ne chante, le chant de sa jeunesse et de son idéal révolutionnaire, *le Chant du Départ*. Il en attaque le premier couplet d'une voix chevrotante, qui se raffermit à chaque vers, si bien qu'il scande avec une chaleur communicative les deux derniers:

Le peuple souverain s'avance...
Tyrans, descendez au cercueil!

La foule fait chorus au refrain, tandis que le rideau tombe.

RIDEAU

Mulard acclamé devant la Porte Saint-Martin.

REVUE DE LA CRITIQUE

La Saignée à l'Ambigu.

La réputation littéraire des deux auteurs de la *Saignée* est depuis longtemps établie. Par des œuvres bien différentes d'inspiration et de ton, ils ont l'un et l'autre atteint à la renommée. Leurs noms sont devenus familiers à leurs contemporains, et nombre de gens savent la caractéristique de leurs visages. C'est ainsi que, mêlés à la vie parisienne, MM. Lucien Descaves et Fernand Nozière, sans qu'il eût été besoin d'une présentation, devaient se connaître de vue tout autant que par leurs écrits. Mais leur rencontre, qui a donné naissance à une collaboration heureuse, est relativement récente. Le hasard les mit en présence l'hiver passé, à la Porte-Saint-Martin, dans le cabinet directorial de M. Hertz. Et c'est celui-ci qui en a, circonstance à la faveur d'une conversation, engagea les deux écrivains à se mettre au travail ensemble :

« On parlait de la Commune — a conté, avant la première dans *Gil Blas*, M. René Chavance — et l'on sait avec quelle compétence, quelle connaissance des moindres détails, l'auteur de la *Colonne* et de *Philémon vieux de la vieille*, parle de ces heures tragiques. Or, pour un véritable homme de théâtre, tout n'est-il point matière à théâtre ?

» — Il faut me faire une pièce qui se déroulera au milieu de ces événements, déclara M. Hertz.

» Et comme MM. Descaves et Nozière acceptaient :

» — Vous passerez le 1er octobre. précisa-t-il.

» Les deux collaborateurs se mirent à la besogne. Ils se rejoignirent à Senonches, dans la maison de campagne où villégiature M. Descaves et qu'il a baptisée la *Préférée*, du nom de sa pièce. Ils travaillèrent très intimement très cordialement et même très joyeusement. En août, M. Nozière allait lire la *Saignée* à son directeur qui se reposait à Vichy. Peu après, on entrait en répétitions. »

De son côté, M. Edouard Beaudu était allé demander à M. Nozière quelques précisions sur cette collaboration. Et M. Nozière lui dit :

Vous savez que Descaves est l'homme le mieux documenté sur l'époque à laquelle nous empruntons le sujet de notre drame. La besogne avec lui était donc facile. J'éprouvais un véritable enthousiasme à collaborer avec cet écrivain dont les ouvrages m'étaient depuis longtemps familiers. J'ai gardé le plus charmant souvenir de mon séjour à Senonches. Descaves et moi nous avions tout d'abord établi le scénario de notre pièce, — cinq actes, sept tableaux. Puis nous avions fixé la tâche que chacun devait assumer. Chacun de nous devait écrire entièrement des tableaux qui lui étaient confiés et ne les communiquer à son collaborateur qu'après les avoir achevés. Notre collaboration devait prendre fin par une revision générale de la pièce. Nous nous sommes donc mis au travail chacun de notre côté. mais, la tâche quotidienne terminée, nous nous retrouvions, et, comme une forêt était proche, nous nous accordions de longues promenades récréatives sous bois... Ce séjour à Senonches nous a permis de nous connaître, de consolider notre confiance réciproque.»

***

La *Saignée* a été chaleureusement accueillie par le public. M. Robert de Flers constate dans le *Figaro* le succès très vif et très mérité de ces tableaux colorés, pittoresques, émouvants et pourtant très sobres :

« Toute la pièce est extrêmement bien faite, et les scènes de réalité intense et familière. d'un ton très juste, alternent heureusement avec des scènes pathétiques et violentes où l'émotion n'est pas produite seulement par le souvenir d'événements déplorables, mais aussi par la qualité de la facture dramatique.

» ... Quelques personnes n'approuveront peut-être pas complètement les indulgences que les auteurs paraissent avoir eues par instants pour la Commune. Il me semble qu'en l'occurrence cette susceptibilité serait exagérée. En effet, MM. Descaves et Nozière n'ont pas pris parti. Ils ont fait dire à leurs personnages ce qu'il était naturel qu'ils disent dans la situation où ils les ont placés. »

Dans *Comœdia*, M. de Pawlowsky dit tout l'intérêt de ce spectacle :

« C'est un mélodrame très intéressant, très vivant, une pièce qui a toutes les qualités sentimentales des vieux ouvrages de l'Ambigu, tout en ayant un fond historique, solide, qui donne à la pièce un intérêt particulier.»

M. Adolphe Brisson déclare, dans le *Temps*, qu'il voit là un cours d'histoire contemporaine. habilement présenté, autant qu'une œuvre théâtrale.

M. Abel Hermant observe dans sa chronique dramatique du *Journal* que cette œuvre fait vraiment revivre une époque abolie, par l'emploi simultané des deux procédés de littérature qui nous permettent d'atteindre la vérité quelquefois: le document et l'imagination :

« L'époque choisie par les auteurs de la *Saignée* augmentait singulièrement la difficulté de leur tâche. Il est périlleux de toucher à la guerre et à la Commune. Cette histoire n'est pas encore de l'histoire, et de bien longtemps peut-être n'en sera point. Nous ne sommes pas encore de sang-froid, nous ne pouvons pas être indifférents ni impartiaux, nous ne pouvons pas être justes. »

M. Abel Hermant avoue que ses sympathies ne vont nullement où M. Descaves montre avec franchise que vont les siennes :

« Il les a du moins justifiées, ajoute-t-il, par un argument qui ne me paraît point réfutable : c'est que le mouvement de la Commune fut désintéressé et patriotique, qu'il fut une protestation contre la paix, une sainte colère, et — le mot est dans la *Saignée* — une sorte de transport au cerveau. A titre d'auteurs dramatiques, MM. Descaves et Nozière avaient le droit de mettre en lumière ce beau côté de la Commune. »

Assurément, une telle œuvre est de nature à passionner la foule ; par conséquent, elle doit être jugée âprement ou exaltée selon les sentiments intimes de chaque spectateur.

M. Félix Duquesnel, dans le *Gaulois*, estime que la *Saignée* compose un spectacle douloureux pour ceux qui ont vu et n'ont pas oublié :

« L'action du drame, qui, en elle-même, est assez simple parfois curieuse et émotionnante, prend surtout du relief de ce fait que chaque tableau correspond à une des phases de la réalité terrible. Voilà, en cinq chapitres courts et remplis, rapidement contée l'histoire lugubre de la Commune. On a eu soin, d'ailleurs, de glisser sur les crimes et les infamies, qui sont ombres fugitives. »

M. François de Nion, dans l'*Echo de Paris*, fait également des réserves mais il ne se défend pas de confesser qu'au point de vue technique, si l'on ne s'arrête qu'à l'émotion et à l'intérêt dramatique, la pièce doit satisfaire et que cette large fresque — au trait rouge — pleine de mouvement, de vie et de passion, est faite pour attirer le public.

Pour M. Joseph Galtier aussi, ces tableaux seraient attristants, mais — dit-il dans *Excelsior* — en somme, la Commune a prêté son cadre dramatique à une aventure sentimentale ; elle n'est pas le motif central de la pièce :

« Ce drame que le public a fort applaudi et qui aura, il me semble, une belle carrière à l'Ambigu, est interprété dans un ensemble excellent. »

***

En effet, la pièce est mise à la scène avec le plus grand soin. La figuration très importante est fort bien réglée avec le souci de la vérité et du pittoresque. Mlle Blanche Dufrêne a joliment silhouetté son personnage de fille du peuple, tendre. ardente et passionnée. M. Armand Bour, dans le rôle d'un vieil ouvrier, a été surprenant de naturel et de bonhomie. M. Jean Kemm a campé admirablement le type de prolétaire brave homme qu'est Mulard, honnête, crédule, brutal, accessible aux grandes idées, dupe des grands mots. MM. Lorrain, Damorès, Duval, Bassouil, Mmes Dulac, Delia, ont composé avec conscience des rôles épisodiques.

GASTON SORBETS.

Communiqué par la Maison Gouffé Jeune.

SALON LOUIS XVI

L'ART CHEZ SOI

NOS VRAIS AMIS

Chacun doit avoir pour occupation capitale d'embellir son foyer qui est le symbole de sa vie, le cadre de ses joies comme de ses souffrances.

Tous nos efforts doivent tendre à l'embellir et à le rendre le plus agréable possible.

Ce n'est donc pas perdre du temps que de s'efforcer de faire régner dans son intérieur une parfaite harmonie, comme de chercher à y créer une atmosphère d'intimité qui retienne et captive. N'est-ce pas dans notre intérieur que nous passons la plus grande partie de notre vie ?

Grâce à de l'initiative et du goût, le logement le plus pauvre, comme l'hôtel le plus luxueux, peut prendre un air vivant et gai.

L'amour de notre intérieur nous préserve de bien des tentations et nous procure souvent bien des joies aussi saines que réconfortantes.

Qu'y a-t-il de plus passionnant que de chercher à augmenter le charme de notre intérieur comme à le peupler de précieux bibelots, témoins fidèles et muets des faits et gestes de notre vie ?

Nos meubles, nos bibelots, qui ornent l'intimité de nos pièces favorites, ne sont-ils pas le décor où va se dérouler l'action tantôt tragique et tantôt aimable de notre vie ?

Puis, lorsque l'âge nous aura fait nous retirer de la vie active, n'est-ce pas entre tous ces vieux amis, que les années effleurent à peine, que nous tâcherons de trouver une vieillesse exempte de soucis et de souffrances ?

Une table à thé, une bergère, un bahut, évoqueront à nos yeux des heures heureuses que nous aimerons à revivre ; au milieu d'eux, au cours de ces continuels et muets entretiens, les faits principaux de notre vie passée se dérouleront à nouveau devant nos yeux.

Ce n'est donc pas une futilité que de rendre plus agréable possible le cadre de nos dernières années ; il vous faut vous entourer de meubles de goût que vous puissiez aimer et conserver, ils seront aux heures calmes de votre vieillesse de vrais et bons amis, qui, tout en vous rappelant vos jeunes années, les évoqueront sans vous les faire regretter.

En conséquence, si vous êtes à la veille d'installer une maison ou un appartement ou de transformer votre intérieur, écrivez-nous pour nous demander notre catalogue. Nous vous l'enverrons franco et nous vous inscrirons gratuitement pour un abonnement de trois mois à la Revue " L'ART CHEZ SOI ".

GOUFFÉ JEUNE

GOUFFÉ FILS & MAILLARD, SUCCESSEURS

46, 48, 50, Faubourg Saint-Antoine, PARIS. — Téléphone : **906-82**

LES LIVRES & LES ÉCRIVAINS

Histoire.

« Par mon étroite fenêtre à crémaillère, je reçois les pâles rayons du soleil qui s'enfuit de l'autre côté du Rhin. Oh ! comme l'exil me pèse depuis huit jours que je le subis et comme je comprends les beaux vers de Schiller ! « Qu'il est dur et sec le pain de l'étranger ! Qu'il est haut et étroit le seuil de sa porte ! Ah ! ma patrie ! »

Ce cri est d'un Français. Il exprime tout le désespoir de l'exil. Et combien, parmi les émigrés, eurent ce même sanglot profond dès qu'ils eurent franchi la frontière. Le chevalier de Pradel de Lamase, officier d'artillerie à Strasbourg, au début de la Révolution, émigré ensuite et officier à l'armée de Condé, a laissé le journal le plus captivant et le plus précieux qui soit comme contribution à l'histoire de la Révolution en province. On ne trouve nulle part ailleurs, nous a-t-il semblé, de descriptions aussi complètes et aussi exactes des manœuvres employées, de 1789 à 1792, par les clubs locaux pour débaucher les régiments fidèles au souverain, pousser les soldats à l'indiscipline et contraindre les officiers loyalistes à émigrer. M. de Lamase prend les provocateurs sur le fait et dénonce leurs secrètes machinations avec une indignation d'autant plus âpre qu'il a été l'une de leurs victimes. Le narrateur est jeune, ardent, sympathique. On sent qu'il résiste tant qu'il peut, qu'il s'efforce de s'accommoder de la situation vraiment intenable qui lui est faite et il donne vraiment cette impression que, lorsqu'il se décide à franchir la frontière, il ne pouvait plus y avoir d'autre parti pour lui que l'émigration. D'ailleurs, il partageait cette erreur avec la plupart de ceux dont il suivait l'exemple : il croyait être plus utile à son souverain hors de France. Pas plus que les autres émigrés de Coblentz, il ne se rendait compte à ce moment que cet exode en masse laissait les souverains, abandonnés, sans défenseurs, prisonniers des partis extrêmes désormais seuls maîtres d'un terrain déblayé.

Le chevalier de Lamase nous donne de pittoresques renseignements sur les rassemblements de Coblentz et la situation difficile des gentilshommes et des prêtres exilés dont les infortunes, cependant, furent souvent adoucies par la générosité de leurs hôtes étrangers. Une anecdote bien jolie témoigne de cet esprit charitable. De très nombreuses supplices de fermiers du diocèse de Paderborn sollicitaient l'évêque de leur donner à loger un prêtre de France. Un paysan qui n'en avait reçu aucun parce qu'on ne le jugeait pas assez riche pour lui proposer cette charge se plaignit de cette omission avec de tels accents qu'on fut obligé de le contenter sur l'heure ; ce qui ne fut pas difficile, car il venait justement d'arriver trois prêtres efflanqués par la longueur des marches, les privations et les angoisses.

Le paysan choisit le plus vieux et le plus débile, le combla d'attentions, le munit de linge et de tout ce qu'il estimait lui être utile et agréable. Son hôte demeurant triste malgré tout, il pensa qu'il s'ennuyait d'être seul de son rang et de son pays... Il n'hésita donc pas à retourner à l'évêché et enleva de force, un second prêtre pour tenir compagnie au premier.

Le trait est charmant. Il y en a bien d'autres dans le même livre qui font de clairs tableaux en cette époque sombre. Ces *Notes intimes d'un émigré* (Emile-Paul, 5 fr.), sont publiées par les deux petits-neveux du mémorialiste, MM. Paul et Martial de Pradel de Lamase.

Un choix tout à fait remarquable de volumes aux notes très diverses s'offre au public des œuvres critiques et documentaires. Nous regrettons de ne pouvoir analyser longuement chacun de ces ouvrages. Et nous devons nous borner à recommander particulièrement à l'attention de nos lecteurs : la *République romaine* (Ed. Flammarion), par M. G. Block, professeur à la Sorbonne ; *Etudes et Fantaisies historiques* (Hachette), par M. E. Rodocanachi, cet historien si finement artiste, et qui nous parle avec tant de charme du passé italien ; *Gaston de Foix* (Ed. Gadrat aîné), par le capitaine A. Reboulet ; *Dix-huitième siècle et Directoire* (Ed. Presse française), par Saint-Helme ; *Quatre ans à la cour de Saxe* (Perrin), par M. Guy Balignac ; *En lisant l'histoire de Jeanne d'Arc* (Delagrave), par M. Georges Meunier, préface de Maurice Barrès ; *Enigmes du grand siècle : le Masque de fer, Jacques Stuart de la Cloche, l'abbé Prignani, Roux de Marsilly* (Ed. Le Soudier), par M. E. Laloy, conservateur adjoint à la Bibliothèque nationale ; *Une cousine du grand Condé : Isabelle de Montmorency, duchesse de Chatillon et de Mecklembourg* (Emile-Paul), par M. Paul Fromageot ; les *Sociétés populaires et l'Armée* (Daragon), par M. Pierre Dufay ; *Un procès militaire sous l'ancien régime, l'affaire du régiment Royal-Comtois* (Chapelot), par le capitaine Latreille ; le *Théâtre sous la Terreur* (Emile-Paul, 7 fr. 50), par M. Paul d'Estrée ; *Magistrats et Criminels*, 1795-1844, d'après les mémoires de Gaillard (Plon, 7 fr. 50), par le baron Despatys ; *Une princesse russe à Rome* (Perrin), par Mme Hermione Poltoratzky ; *Georges Cadoudal* (Editions royalistes et catholiques), par MM. Georges Stévenin et Armand Hubert ; *Madame Récamier* (Ed. Tallandier), par M. Joseph Turquan ; le *Roman d'une reine sans couronne : Sophie-Dorothée de Zell*, femme de l'Electeur de Hanovre devenu roi d'Angleterre sous le nom de George Ier (Ed. Hachette), par William-Henry Wilkins, texte français de Mlle L. B. ; *Un mariage de prince : Madame Fitzherbert et George IV* (Perrin, 5 fr.), par W.-H. Wilkins, texte français de M. Monjoux-Capilléry ; le tome VII des *Lettres et Documents pour servir à l'histoire de Joachim Murat*, avec des notes de M. Paul Le Brethon (Plon, 7 fr. 50) ; *Documents sur la guerre et la Commune* (Ed. des Marches de l'Est), publiés par M. Louis Thomas ; enfin, le *Cardinal Lavigerie et son action politique* (Plon), par M. J. Tournier.

**

Romans.

La « Brigande », la première des dix longues nouvelles que M. Maxime Formont réunit sous ce titre de volume : les *Italiennes* (Lemerre), est mieux qu'une histoire de brigands. C'est un drame d'amour et de mort, qui a pour cadre une lande infernale de la Sicile, un désert de la faim et de la fièvre. La brune et sauvage Annunziata, évadée de la hutte misérable où, près d'une mine de soufre croupit sa pitoyable famille, se réfugie auprès du fameux bandit Testalonga, devient sa maîtresse et son lieutenant. C'est d'abord entre Annunziata et Testalonga, un amour primitif, violent, un amour de fauves lâchés dans la vie libre et brutale, mais un amour auquel Annunziata reste seule fidèle. Car il advient qu'une femme très riche, très belle, La Metella, chanteuse de Palerme richement entretenue par un financier de Vienne, est capturée par les bandits. Et c'est le ravisseur, Testalonga qui, bien vite, devient la proie de cette créature. Alors commence le drame sicilien, Annunziata, bafouée, giflée, menacée d'être donnée comme esclave à la fille de Palerme, se révolte — son amour transformé en haine folle — et « organise » le meurtre de Testalonga qu'elle poignarde elle-même après l'avoir fait condamner à mort par ses compagnons de pillage et de meurtre.

Mais ce résumé, trop imparfait, ne saurait donner une idée de toute la puissance tragique que M. Maxime Formont a su mettre dans ce récit, conté d'ailleurs avec un art de la mise en scène et un talent descriptif qui ne sauraient nous surprendre chez cet excellent et brillant écrivain. Neuf autres chatoyantes nouvelles italiennes, « la Vierge de Montefalco », « la Pia », « la Fille de Dante », « la Princesse de Trasimène », « le Palais inachevé », « l'Enfant aux dragées », « la Chanson napolitaine », « Sauvée et perdue », « le Baiser de la morte », ajoutent, dans le même volume, d'émouvantes évocations du passé italien, à ce drame d'une affabulation plus moderne.

**

Editions d'art. Divers.

Un véritable petit bijou de librairie : *Psyché*, de La Fontaine, inaugure la collection des « Chefs-d'Œuvre » que la librairie Payot destine aux amoureux des belles impressions et des textes purs. Pour *Psyché*, le premier volume de cette série, à tirage limité (7 fr. 50), et dont la direction littéraire a été confiée à M. Pierre-Paul Plan, on a suivi l'édition originale publiée en 1669 par Claude Barbin, la seule d'ailleurs qui ait été imprimée sous les yeux de l'auteur.

Citons : le très opportun petit livre de M. André Caron (*Comment caser nos filles*, Jouve, 2 fr.) qui centralise et classe avec clarté tous les renseignements relatifs uniquement aux positions accessibles aux seules jeunes filles.

IL Y A CINQUANTE ANS

LES ASCENSIONS DU « GÉANT »

Tandis que l'aviateur équilibriste Pégoud, avec une audace qui tient du merveilleux, multiplie ses cabrioles dans les airs ; tandis que le « plus lourd » fait ses 200 à l'heure, il est

La première ascension du *Géant* : arrivée de la nacelle.
(*L'Illustration* du 10 octobre 1863.)

curieux d'évoquer les tentatives faites il y a un demi-siècle par le photographe aéronaute Nadar pour faire progresser la navigation aérienne.

A propos de la première ascension du *Géant* qui fut au début d'octobre 1863 le grand événement du Champ de Mars le chroniqueur de *L'Illustration* écrivait :

« Un homme universel, ce Nadar. Dessinateur, écrivain, photographe, aéronaute et chercheur de l'hélice. Mais une hélice aérienne ! Il paraît que cela coûte cher à établir, et

Nadar, n'ayant pas le premier million, a pris le parti de demander ce premier million au public par pièces de vingt sous. Il a fabriqué un ballon de la hauteur de la colonne Vendôme et de la circonférence de la halle au blé, et il a convié la population parisienne au spectacle.

» ... Donc, dimanche dernier, à une heure, le Champ de Mars était envahi. Le *Géant* se dressait de toute sa hauteur, pendant que la nacelle — une maison d'osier à deux étages — circulait à travers la foule. Le directeur du chemin de fer de l'Ouest avait envoyé quatre chevaux et deux postillons. Cette nacelle, attelée à la daumont, excitait déjà l'enthousiasme du public. Dans l'enceinte réservée, toutes les notoriétés parisiennes. A 4 heures, le *Géant* est complètement gonflé. 6.000 mètres cubes de gaz ont été absorbés par ce Gargantua.

» A 5 heures, les manœuvres commencent ; 60 soldats tiennent les cordes. Le monstre se balance majestueusement. Nadar, au milieu de ses 12 argonautes — car Nadar avait voulu que la première ascension fût signalée par le nombre 13 — 13 voyageurs — s'aperçoit que son *Géant* éprouve quelques difficultés à s'élever. Il jette quelques sacs de lest.

» A 5 h. 10 minutes, le cri : *Lâchez tout !* retentit. Le *Géant* semble hésiter. Partira-t-il ? L'anxiété est dans tous les cœurs et sur tous les visages. Tout à coup le monstre pique droit comme une flèche entraînant cette maison d'où tombent des fleurs lancées de la plate-forme. Un cri immense s'élève de l'enceinte du Champ de Mars — hourra formidable — vivat d'un peuple aux triomphateurs ! — Bon voyage au *Géant* ! »

N'est-ce pas que tous les détails si joliment surannés de ce compte rendu sentent bien leur demi-siècle. Quelques semaines plus tard, une autre ascension du *Géant* se termina d'une façon beaucoup plus périlleuse. Le ballon descendait en Hanovre, poussé par le vent, à une vitesse de 60 kilomètres à l'heure, et la nacelle heurtait avec une extrême violence les poteaux télégraphiques, les arbres et les toits des chaumières. Une toiture fut même enlevée. Le ballon éventré prit terre enfin, mais M. et Mme Nadar étaient grièvement blessés, et les autres passagers avaient tous de plus ou moins graves fractures.

PARIS-LONDRES
CHEMINS DE FER DU NORD ET DU SOUTH EASTERN
AND CHATHAM

Il existe cinq services rapides journaliers entre Paris et Londres, viâ Calais-Douvres, et Boulogne-Folkestone. Ces traversées sont les plus courtes entre l'Angleterre et

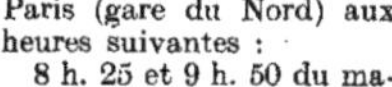

le continent. Départs de Paris (gare du Nord) aux heures suivantes :

8 h. 25 et 9 h. 50 du matin ; midi, 4 h. et 9 h. 20 du soir.

De grands bateaux à turbines font le trajet entre Calais et Douvres et entre Boulogne et Folkestone.

La durée totale du trajet de Paris à Londres est de 6 heures 45 minutes.

Prix des places (droits de ports compris) :

Billets simples, valables 7 jours : viâ Boulogne-Folkestone : 1re classe, 62 fr. 50 ; 2e classe, 43 fr. 35 ; 3e classe, 28 fr. 35 ; viâ Calais-Douvres : 1re classe, 70 fr. 80 ; 2e classe, 49 fr. 55 ; 3e classe, 32 fr. 05.

Billets d'aller et retour, valables un mois : viâ Boulogne-Folkestone : 1re classe, 109 fr. 85 ; 2^e classe, 78 fr. 80 ; 3^e classe, 46 fr. 70 ; viâ Boulogne-Folkestone ou Calais-Douvres : 1re classe, 119 fr. 75 ; 2e classe, 87 fr. 35 ; 3e classe, 50 fr. 55.

Billets d'aller et retour, valables 2 mois : viâ Boulogne-Folkestone ou Calais-Douvres : 1re classe, 136 fr. 60 ; 2e classe, 95 fr. 70 ; 3e classe, 61 fr. 90.

Le coupon de retour des billets d'un mois peut être prolongé d'un mois moyennant supplément.

Bagages : 25 kilogrammes, transportés gratuitement.

Des billets spéciaux à prix très réduits sont délivrés à certaines dates pendant l'année.

Pour tous renseignements, s'adresser à l'Agence du South Eastern and Chatham Railway, 14, rue du Quatre-Septembre, Paris.

Le Directeur : René Baschet.   Imprimerie de *L'Illustration*, 13, rue Saint-Georges, Paris (9e). — L'Imprimeur-Gérant : A. Chatenet.

AU 14ᵐᵉ SALON DE L'AUTOMOBILE

(Grand Palais des Champs-Élysées -:- 17-27 Octobre 1913)

Pneus montés sur
les voitures exposées   **3.104**

Michelin	**2.044**
Pneu X	564
Pneu Y	204
Pneu Z	171
Divers	le reste

MAJORITÉ de MICHELIN 66 %

Cette écrasante majorité, dans un Salon où sont représentées toutes les grandes marques automobiles du monde entier, consacre la supériorité mondiale de Michelin et le succès de sa politique :

Une seule qualité - Le meilleur pneu - Le plus bas prix

Proportion des **PNEUS MICHELIN** sur les Voitures exposées aux Salons de Paris de		
	1906	**36** %
	1907	**37** %
	1908	**50** %
	1910	**55** %
	1912	**63** %
	1913	**66** %

9 782329 564869